André Boccato & Estúdio Paladar

Receitas Saborosas

com

Aves

Receitas Saborosas com Aves

Aves se constituem num dos mais hábeis recursos alimentares da humanidade; em seus primórdios como caça, mas de pronto se descobriu que a espécie dos galináceos era facilmente domesticável e logo passou a ser criada para o sustento do homem, em quase todas as culturas. O fato é que a galinha, depois renomeada de 'frango' – a partir da criação intensiva e da industrialização e barateamento da produção – essa ave chega triunfal até nossos dias e consumida aos borbotões por todas as mesas do planeta.

Muito versáteis na culinária, as aves se prestam a uma infinidade de variações para seu preparo. Além disso, do ponto de vista nutritivo, a ave é uma fonte segura de proteínas, de fácil digestão e de baixo índice de gorduras nocivas (se excluída a pele, bem entendido). Indicada para regimes e dietas alimentares, a famosa "canja de galinha" é uma unanimidade universal quando se trata de recuperar as forças sem sobrecarregar o organismo.

Na mesa brasileira, a campeã segue sendo a galinácea, ou seja, o moderno frango. Aliás, o País é um expoente na produção e seu sexto maior consumidor. O peru também figura no cardápio, mas geralmente como regalia em datas de festejos. Por este motivo e pela praticidade no abastecimento, optamos neste livro por receitas que têm como tema central, sua majestade, o frango; e algumas variações com o nobre peru.

A proposta do livro é mais que oportuna, lembrando que, apesar da popularidade, ou justamente por isso, quando diante dos cortes de frango, linda e praticamente depenados, cortados e embalados no supermercado, não costumamos ter outras idéias na hora do preparo, além do repertório mais que batido: frango refogado na panela, filé grelhado, ou, no máximo, o tradicional "a passarinho". Hora de por a criatividade em pauta! Ou melhor, já fizemos isso por você.

Aqui estão receitas práticas, rápidas, fáceis de se transformarem em pratos surpreendentes e deliciosos, alguns dignos de figurar nos grandes momentos à mesa. E todos, quem diria, proporcionados pela ancestral e trivial galinha...

André Boccato

Índice

Prefácio 3

Índice 4

Salada Festiva 6

Salada de Peito de Peru e Kani 8

Salpicão Light com Peru 10

Coxinha de Frango 12

Petisco Picante 14

Palitos de Frango 16

Espetinho de Frango com Alho-Poró 18

Frango com Erva Doce 20

Trouxinhas de Couve 22

Bolinhos de Frango ao Chutney de Tomate 24

Filé à Rolê 26

Fricassé de Frango com Cogumelos 28

Picadinho de Frango do Céu 30

Caril de Frango 32

Frango ao Molho Vermelho 34

Frango ao Molho Cítrico 36

Rocambole de Chester 38

Coxas ao Molho de Cogumelos 40

Sobrecoxas com Molho de Pimentas 42

Frango Dourado 44

Frango com Alecrim 46

Frango Quatro Ervas 48

Rolinhos Recheados 50

Cubos de Frango Caipira 52

Frango à Moda Árabe 54

Frango Chinês 56

Frango Recheado com Champignons 58

Torta de Frango com Catupiry 60

Frango ao Queijo 62

Strogonoff de Frango 64

Trouxinhas ao Molho de Queijo 66

Frango Crocante 68

Panqueca de Brócolis e Frango 70

Almôndegas Saudáveis 72

Roupa Velha 74

Torta de Frango e Palmito 76

Peru com Molho de Maracujá 78

Frango com Molho de Coco e Farofa de Maçã . . 80

Risoto de Frango com Queijo de Cabra 82

Peru ao Molho de Mostarda Dijon 84

Frango com Laranja e Café 86

Frango Oriental 88

Suflê de Peru 90

Frango Indiano 92

Hambúrguer de Frango 94

Rendimento: 6 porções / Tempo de Preparo: 30 minutos / Dificuldade: Fácil

Salada Festiva

Ingredientes

Salada
2 filés de peru temperados e grelhados
1 pé de alface americana
1 endívia branca ou roxa
1 vidro pequeno de queijo chancliche em bolinhas com zaátar
1 xícara (chá) de azeitonas verdes recheadas
meia xícara (chá) de nozes picadas grosseiramente

Molho
1 xícara (chá) de creme de leite com soro
suco de 1 limão
1/4 de xícara (chá) de azeite
1 colher (sopa) de mostarda dijon
3 colheres (sopa) de geleia de manga
1 pitada de pimenta-do-reino branca
1 colher (sopa) de ervas frescas picadas
sal a gosto

Modo de Preparo

Salada
Corte os filés de peru em tiras e reserve. Forre o fundo de uma saladeira com a alface americana e as folhas de endívia. Despeje as bolinhas de queijo chancliche, as azeitonas recheadas, os pedaços de peru e as nozes picadas. Reserve.

Molho
Misture com um batedor o creme de leite, o suco de limão, o azeite, a mostarda, a geleia, a pimenta, as ervas e o sal. Coloque em uma molheira. Sirva a salada com o molho.

Rendimento: 8 porções / Tempo de Preparo: 30 minutos / Dificuldade: Fácil

Salada de Peito de Peru e Kani

Ingredientes

350g de peito peru defumado
300g de kani kama
8 unidades de mussarela de búfala em bolas pequenas
2 tomates médios
meia xícara (chá) de vinagre de maçã
2 colheres (sopa) de água
1 colher (sopa) de mostarda
meia xícara (chá) de azeite
1 colher (sopa) de salsa picada
sal e pimenta-do-reino a gosto
100g de champignons cortados em lâminas
1 maço de rúcula

Modo de Preparo

Corte o peito de peru defumado e o kani em tirinhas e reserve.

Corte a mussarela e o tomate em rodelas e reserve.

Misture o vinagre, a água, a mostarda, o azeite, a salsa, o sal, a pimenta e reserve este tempero.

Misture o peito de peru e o kani aos champignons. Reserve.

Forre uma bandeja com a rúcula e coloque a mistura de peru no centro. Distribua rodelas de tomates e mussarela ao redor da salada e regue-a com o tempero.

Rendimento: 8 porções / Tempo de Preparo: 25 minutos / Dificuldade: Fácil

Salpicão Light com Peru

Ingredientes
Salada
500g de peito de peru defumado fatiado
4 cenouras cortadas em cubos
1 xícara (chá) de salsão cortado em cubos
1 xícara (chá) de erva-doce cortada em tiras
2 maçãs verdes cortadas em cubos
1 pimentão verde cortado em cubos
1 pimentão vermelho cortado em cubos
1 colher (sopa) de salsa picada
sal e suco de limão a gosto
1 vidro de aspargos (200g) cortados ao meio para decorar

Molho
150g de queijo tipo minas
1 colher (sopa) de maionese light
1 colher (sopa) de molho inglês
1 colher (sopa) de mostarda
meio pote de iogurte desnatado

Modo de Preparo
Salada
Misture todos os ingredientes da salada e reserve.

Molho
Bata todos os ingredientes no liquidificador até obter um creme. Coloque o molho sobre a salada e decore com os aspargos.

Rendimento: 10 porções / Tempo de Preparo: 30 minutos / Dificuldade: Médio

Coxinha de Frango

Ingredientes

Massa
2 xícaras (chá) de leite
1 colher e meia (sopa) de manteiga
1 envelope de caldo de legumes em pó
2 xícaras (chá) de farinha de trigo

Recheio
3 colheres (sopa) de manteiga
3 colheres (sopa) de cebola picada
1 dente de alho amassado
3 colheres (sopa) de extrato de tomate
3 xícaras (chá) de frango cozido e desfiado
sal a gosto
meia colher (chá) de pimenta-do-reino
meia xícara (chá) de ervilhas
meia xícara (chá) de azeitonas verdes picadas
3 colheres (sopa) de cebolinha picada

Para Empanar
2 ovos batidos
2 xícaras (chá) de farinha de rosca
óleo para fritar

Modo de Preparo

Massa
Coloque o leite e a manteiga em uma panela e deixe ferver. Tempere com o caldo de legumes e junte a farinha de uma só vez, mexendo sem parar até ficar homogênea e soltar do fundo da panela. Deixe esfriar.

Recheio
Derreta a manteiga e frite a cebola e o alho. Junte o extrato de tomate, uma xícara (chá) de água, o frango, o sal, a pimenta-do-reino e as ervilhas. Cozinhe até secar todo o líquido. Adicione as azeitonas, a cebolinha, mexa, desligue e deixe esfriar. Abra uma porção da massa e coloque um pouco do recheio. Feche, moldando uma coxinha. Faça isso até terminar os ingredientes.

Para Empanar
Passe as coxinhas pelo ovo batido e pela farinha de rosca. Frite no óleo quente e escorra em papel toalha.

Rendimento: 10 porções / Tempo de Preparo: 30 minutos / Dificuldade: Fácil

Petisco Picante

Ingredientes

1kg de peito de frango sem osso
sal e pimenta vermelha a gosto
suco de 1 limão siciliano
3 ovos batidos
3 xícaras (chá) de farinha de rosca
óleo para fritar
1 pote e meio de iogurte natural
meia xícara (chá) de maionese
1 colher (sopa) de molho de pimenta forte
2 colheres (sopa) de manjerona fresca picada
meia colher (chá) de noz-moscada
1 colher (chá) de colorífico
sal a gosto

Modo de Preparo

Corte o peito de frango em cubos médios e tempere com o sal, a pimenta vermelha e o suco de limão. Passe os pedaços de frango pelos ovos batidos e pela farinha de rosca. Frite os cubos de frango no óleo quente e escorra em papel-toalha. Reserve.

Em uma tigela, misture bem os ingredientes restantes. Sirva o cubos de frango com o molho picante à parte.

Rendimento: 5 porções / Tempo de Preparo: 50 minutos / Dificuldade: Fácil

Palitos de Frango

Ingredientes
500g de peito de frango cortado em tiras
sal a gosto
1 xícara (chá) de leite
2 xícaras (chá) de flocos de milho sem açúcar e triturados
1 pote de iogurte natural (200g)
meia xícara (chá) de beterraba cozida e cortada em cubos
1 colher (sopa) de suco de limão

Modo de Preparo
Tempere as tiras de frango com sal, passe-as no leite e depois nos flocos de milho triturados, para empanar. Leve ao forno preaquecido em temperatura média. Deixe assar até dourar levemente. Reserve.

Coloque o iogurte em um coador de café com o suporte. Leve à geladeira por 2 horas para dessorar. Depois, bata com o mixer, o creme que ficou no coador junto com a beterraba, o suco de limão e o sal. Sirva com os palitos de frango assados.

Rendimento: 4 porções / Tempo de Preparo: 2 horas / Dificuldade: Fácil

Espetinho de Frango com Alho-Poró

Ingredientes
4 galhos de alecrim grandes
1/4 de xícara (chá) de azeite
meia cebola ralada
2 colheres (sopa) de mostarda
1 colher (sopa) de mel
sal e pimenta-do-reino preta a gosto
2 xícaras (chá) de peito de frango cortado em cubos grandes
2 xícaras (chá) de alho-poró cortado em rodelas grossas
1 xícara (chá) de pimentão roxo cortado em cubos
1 dente de alho picado
1 colher (chá) de estragão desidratado
3 colheres (sopa) de geleia de cereja
meia xícara (chá) de creme de leite fresco

Modo de Preparo
Desfolhe os galhos de alecrim e coloque as folhas em uma tigela. Reserve os galhos. Na mesma tigela, misture metade do azeite, a cebola, a mostarda, o mel, o sal e a pimenta-do-reino. Coloque para marinar o frango, o alho-poró e o pimentão roxo. Leve à geladeira por 1 hora.

Em uma panela, aqueça o restante do azeite, frite o alho e o estragão. Adicione a geleia, o creme de leite e sal. Monte os espetinhos nos galhos de alecrim (fure o frango e os legumes com um palito) intercalando o frango com o alho-poró e o pimentão, até finalizar. Leve para grelhar e sirva com o molho de geleia.

Rendimento: 6 porções / Tempo de Preparo: 50 minutos / Dificuldade: Fácil

Frango com Erva Doce

Ingredientes
6 filés de frango
suco de meio limão
1 envelope de caldo de galinha em pó
1 pitada de pimenta síria
1 xícara (chá) de queijo fresco cortado em tiras
meia xícara (chá) de erva-doce cortada em tiras
1 colher (sopa) de azeite
2 colheres (sopa) de cebola ralada
1 dente de alho amassado
1 xícara (chá) de geleia de framboesa
1 lata de creme de leite
1 colher (sopa) de sálvia fresca picada
1 pitada de pimenta calabresa
sal a gosto

Modo de Preparo
Tempere os filés com o limão, o caldo de galinha e a pimenta síria. Divida o queijo fresco e a erva doce sobre os filés abertos e enrole cada um, prendendo com palitos. Coloque em uma assadeira forrada com papel alumínio, cubra com outro pedaço de papel alumínio e leve ao forno preaquecido em temperatura média-alta por 30 minutos. Retire o papel alumínio e deixe dourar. Desligue.

Coloque o azeite em uma panela e leve ao fogo. Frite a cebola e o alho, sem dourar e junte a geleia de framboesa e o creme de leite. Misture bem e deixe aquecer. Acrescente a sálvia, a pimenta calabresa, o sal e cozinhe por 3 minutos. Desligue e sirva sobre os rolinhos de filé de frango.

Rendimento: 5 porções / Tempo de Preparo: 50 minutos / Dificuldade: Médio

Trouxinhas de Couve

Ingredientes

Trouxinhas
3 colheres (sopa) de azeite
1 pitada de canela em pó
1 colher (chá) de raspas de laranja
meia cebola picada
1 pimentão vermelho picado em pequenos cubos
2 xícaras (chá) de filé de frango cozido e desfiado
sal a gosto
5 colheres (sopa) de requeijão
15 folhas de couve-manteiga pequenas

Molho
1 colher (sopa) de manteiga
2 cardamomos
1 xícara (chá) de suco de manga concentrado
sal a gosto
1 colher (chá) de açúcar

Modo de Preparo

Trouxinhas
Em uma panela, aqueça o azeite, junte a canela, as raspas de laranja, a cebola e o pimentão. Deixe fritar até começar a dourar e adicione o frango desfiado e o sal. Deixe refogar por 2 minutos e acrescente meia xícara (chá) de água. Quando a água secar, junte o requeijão, misture, desligue e reserve. Apare o talo central da folha de couve tomando cuidado para não furá-la. Passe-as rapidamente pela água fervente com sal e coloque-as abertas em uma superfície lisa. Coloque uma colher (sopa) de recheio em cada folha de couve e feche como uma trouxinha, amarrando com uma cebolinha. Mantenha aquecida.

Molho
Derreta a manteiga, junte os cardamomos, o suco de manga, o sal e o açúcar. Deixe ferver por 3 minutos. Distribua o molho em pratos, coloque as trouxinhas e sirva.

Rendimento: 6 porções / Tempo de Preparo: 40 minutos / Dificuldade: Fácil

Bolinhos de Frango ao Chutney de Tomate

Ingredientes

3 colheres (sopa) de manteiga
meia cebola bem picada
6 tomates sem pele e sem sementes, cortados em tiras
2 colheres (sopa) de melado de cana
1/4 de xícara (chá) de aceto balsâmico
1/4 de xícara (chá) de vinagre de maçã
1 cravo-da-índia
1 colher (sopa) de gengibre em pó
sal a gosto
1 pitada de pimenta chilli em pó
1 colher (sopa) de folhas de manjericão
1 caixa de bolinhos (almôndegas) de frango (500g)

Modo de Preparo

Em uma panela, derreta a manteiga e frite a cebola. Junte os tomates e deixe refogar por 5 minutos, mexendo de vez em quando. Adicione uma xícara (chá) de água, o melado, o aceto balsâmico, o vinagre, o cravo, o gengibre, o sal e a pimenta chilli. Deixe cozinhar por 20 minutos em fogo baixo, com a panela destampada. Desligue, junte as folhas de manjericão e misture.

Coloque os bolinhos de frango em uma assadeira forrada com papel alumínio e leve ao forno preaquecido em temperatura média por 30 minutos ou até que estejam dourados. Sirva o molho sobre os bolinhos.

Rendimento: 8 porções / Tempo de Preparo: 1 hora / Dificuldade: Fácil

Filé à Rolê

Ingredientes
8 filés de frango grandes
1 colher (chá) de gengibre fresco ralado
1 colher (sopa) de óleo
1 colher (sopa) de páprica picante
sal a gosto
8 palitos de cenoura
8 palitos de batata
8 palitos de queijo parmesão
palitos de dente para prender

Modo de Preparo
Tempere os filés de frango com o gengibre, o óleo, a páprica e o sal. Coloque um palito de cenoura, um de batata e um de parmesão na borda de cada filé e enrole. Prenda as pontas com palitos de dente, cubra com papel alumínio e leve ao forno preaquecido em temperatura média-alta por 30 minutos. Retire o papel alumínio, deixe dourar e sirva a seguir.

Rendimento: 6 porções / Tempo de Preparo: 30 minutos / Dificuldade: Fácil

Fricassé de Frango com Cogumelos

Ingredientes
2 colheres (sopa) de manteiga
1 cebola pequena ralada
1 xícara e meia (chá) de cogumelos paris fatiados
1 xícara e meia (chá) de cogumelos pleurotos salmon picados
2 colheres (sopa) de farinha de trigo
1 garrafa de creme de leite fresco
3 xícaras (chá) de frango cozido e desfiado
3 colheres (sopa) de salsa picada
1 tablete de caldo de legumes
1 pacote de batata palha

Modo de Preparo
Em uma panela, derreta a manteiga e refogue a cebola. Junte os cogumelos e refogue mais um pouco. Polvilhe a farinha de trigo, misture bem e adicione o creme de leite aos poucos, mexendo sempre até engrossar. Acrescente o frango desfiado, a salsa e o caldo de legumes. Deixe ferver e desligue. Passe o fricassé para um refratário e espalhe a batata palha por cima. Sirva a seguir.

Rendimento: 8 porções / Tempo de Preparo: 30 minutos / Dificuldade: Fácil

Picadinho de Frango do Céu

Ingredientes
2 colheres (sopa) de óleo
1 kg de peito de frango cortado em cubos
3 tomates sem pele e sem sementes
3 tabletes de caldo de galinha
2 batatas cortadas em pedaços grandes
2 cenouras cortadas em rodelas
2 mandioquinhas cortadas em rodelas

Modo de Preparo
Aqueça o óleo em uma panela de pressão e doure bem os cubos de frango. Junte os tomates e refogue. Adicione os tabletes de caldo de galinha dissolvidos em duas xícaras (chá) na água fervente e os legumes. Tampe a panela e cozinhe por 10 minutos, após o início da pressão. Sirva a seguir, acompanhado de arroz branco.

Rendimento: 5 porções / Tempo de Preparo: 1 hora / Dificuldade: Fácil

Caril de Frango

Ingredientes
4 colheres (sopa) de óleo
1kg de frango a passarinho temperado a gosto
3 dentes de alho picados
2 cebolas médias picadas
4 tomates picados sem pele e sem sementes
meia xícara (chá) de suco concentrado de tamarindo
1 vidro de leite de coco
2 colheres (sopa) de curry
2 colheres (sopa) de chutney de manga

Modo de Preparo
Em uma panela, aqueça o óleo, refogue o frango e deixe secar todo o líquido que se formar. Junte o alho e a cebola e cozinhe até que a cebola fique transparente. Adicione o tomate e cozinhe por mais 5 minutos, mexendo de vez em quando. Adicione os demais ingredientes e deixe cozinhar até o frango ficar macio. Desligue e sirva com arroz branco.

Rendimento: 5 porções / Tempo de Preparo: 1 hora / Dificuldade: Fácil

Frango ao Molho Vermelho

Ingredientes

1kg de frango a passarinho
suco de 1 limão
sal a gosto
2 dentes de alho amassados
1 cebola grande picada
1 colher (chá) de pimenta-do-reino
meia xícara (chá) de salsa picada
meia xícara (chá) de cebolinha picada
1 colher (sopa) de manjerona picada
2 colheres (sopa) de manteiga
1 colher (sopa) de farinha de trigo
3 colheres (sopa) de vinho tinto seco
1 xícara (chá) de polpa de tomate

Modo de Preparo

Tempere o frango com o limão, o sal, o alho, a cebola, a pimenta-do-reino, a salsa, a cebolinha e a manjerona. Deixe tomar gosto por 30 minutos.

Derreta a manteiga em uma panela e coloque o frango junto com os temperos. Acrescente uma xícara (chá) de água e cozinhe com a panela tampada, até o frango ficar macio. Dissolva a farinha no vinho e junte ao frango, mexendo rapidamente para não formar grumos. Adicione a polpa de tomate e deixe ferver. Desligue e sirva a seguir com uma massa.

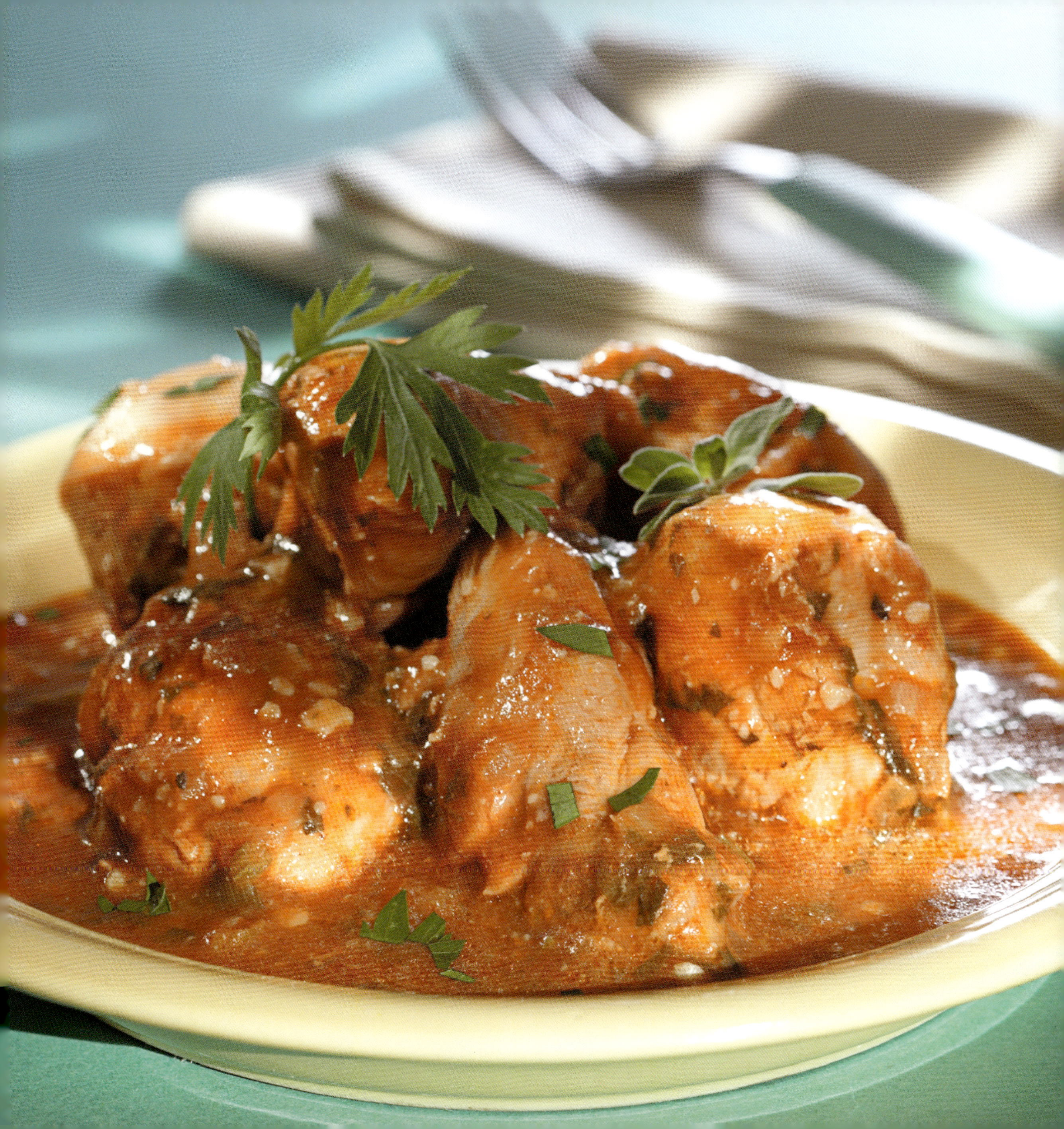

Rendimento: 8 porções / Tempo de Preparo: 1 hora e 50 minutos / Dificuldade: Fácil

Frango ao Molho Cítrico

Ingredientes
1 frango cortado em partes e temperado a gosto
4 colheres (sopa) de azeite
1 cebola grande picada
3 colheres (sopa) de farinha de aveia
1 xícara (chá) de vinagre de vinho branco
2 colheres (sopa) de mostarda escura
1/3 de xícara (chá) de azeitonas pretas picadas
1 colher (sopa) de gengibre em pó
2 colheres (sopa) de sálvia picada

Modo de Preparo
Coloque o frango em uma assadeira, cubra com papel alumínio e leve ao forno preaquecido por 1 hora. Retire o papel alumínio e volte ao forno para dourar.

Em uma panela, aqueça o azeite e frite a cebola. Polvilhe a farinha de aveia, adicione o vinagre e uma xícara e meia (chá) de água. Misture rapidamente até engrossar. Junte a mostarda, as azeitonas, o gengibre e a sálvia. Deixe ferver por 2 minutos e desligue. Sirva o frango com o molho.

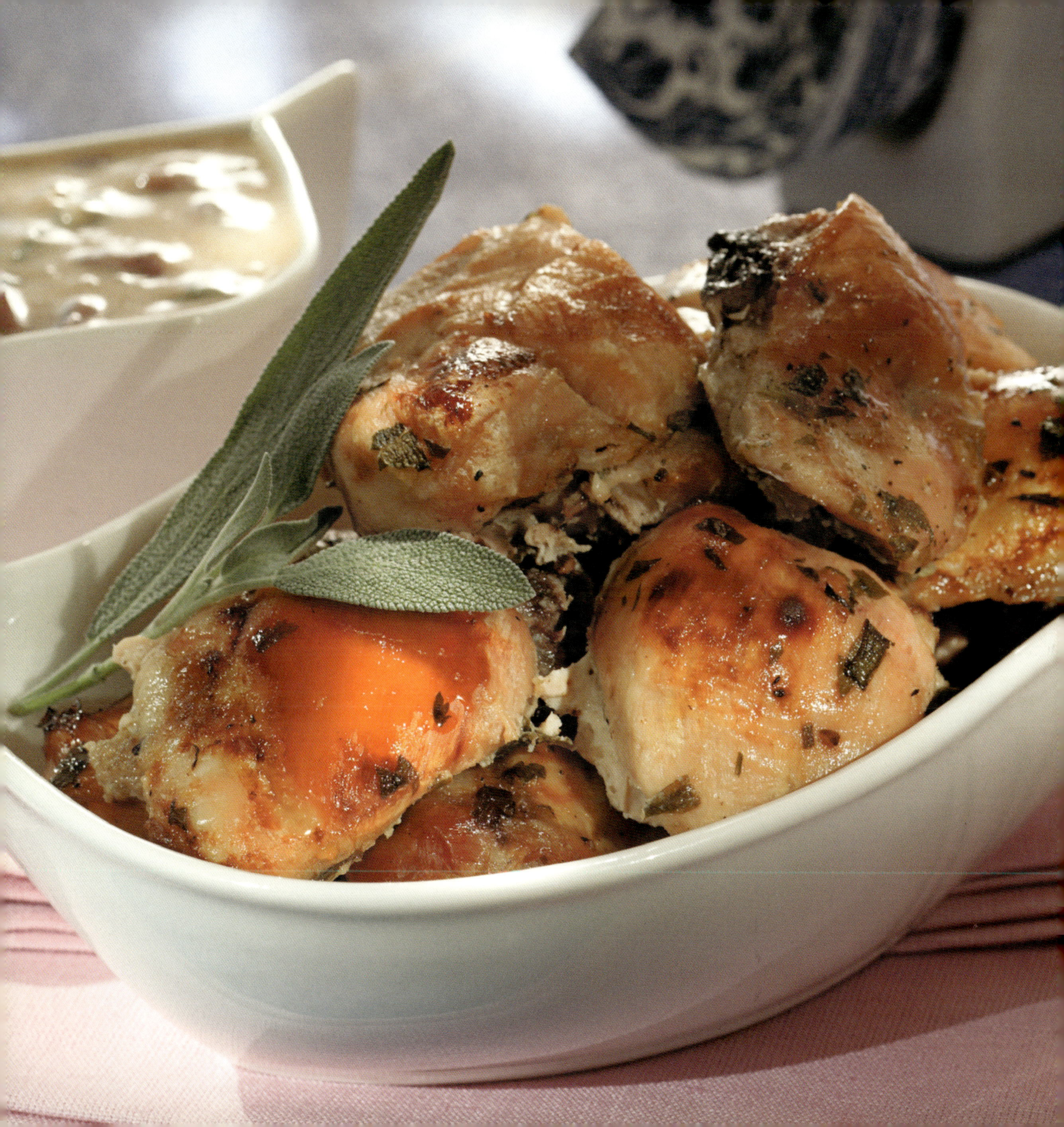

Rendimento: 6 porções / empo de Preparo: 1 hora / Dificuldade: Médio

Rocambole de Chester

Ingredientes
1 xícara (chá) de arroz cozido
3 ovos
1 xícara (chá) de leite
meia xícara (chá) de óleo
2 colheres (sopa) de queijo parmesão ralado
1 pitada de sal
meia xícara (chá) de farinha de trigo
2 colheres (sopa) de manteiga
1 peito de chester cozido e desfiado
1 envelope de caldo de galinha em pó
1 xícara e meia (chá) de queijo mascarpone
2 colheres (chá) de mostarda em grãos
2 colheres (sopa) de páprica doce

Modo de Preparo
Bata no liquidificador o arroz, os ovos, o leite, o óleo, o queijo, o sal e a farinha de trigo. Coloque em uma assadeira grande untada e forrada com papel-manteiga e leve ao forno preaquecido em temperatura média por 30 minutos.

Em uma panela, derreta a manteiga e junte o chester, o caldo de galinha, o mascarpone, a mostarda e a páprica. Refogue por 3 minutos, mexendo de vez em quando. Desenforme a massa ainda quente em um pano úmido, espalhe o recheio e enrole. Sirva quente.

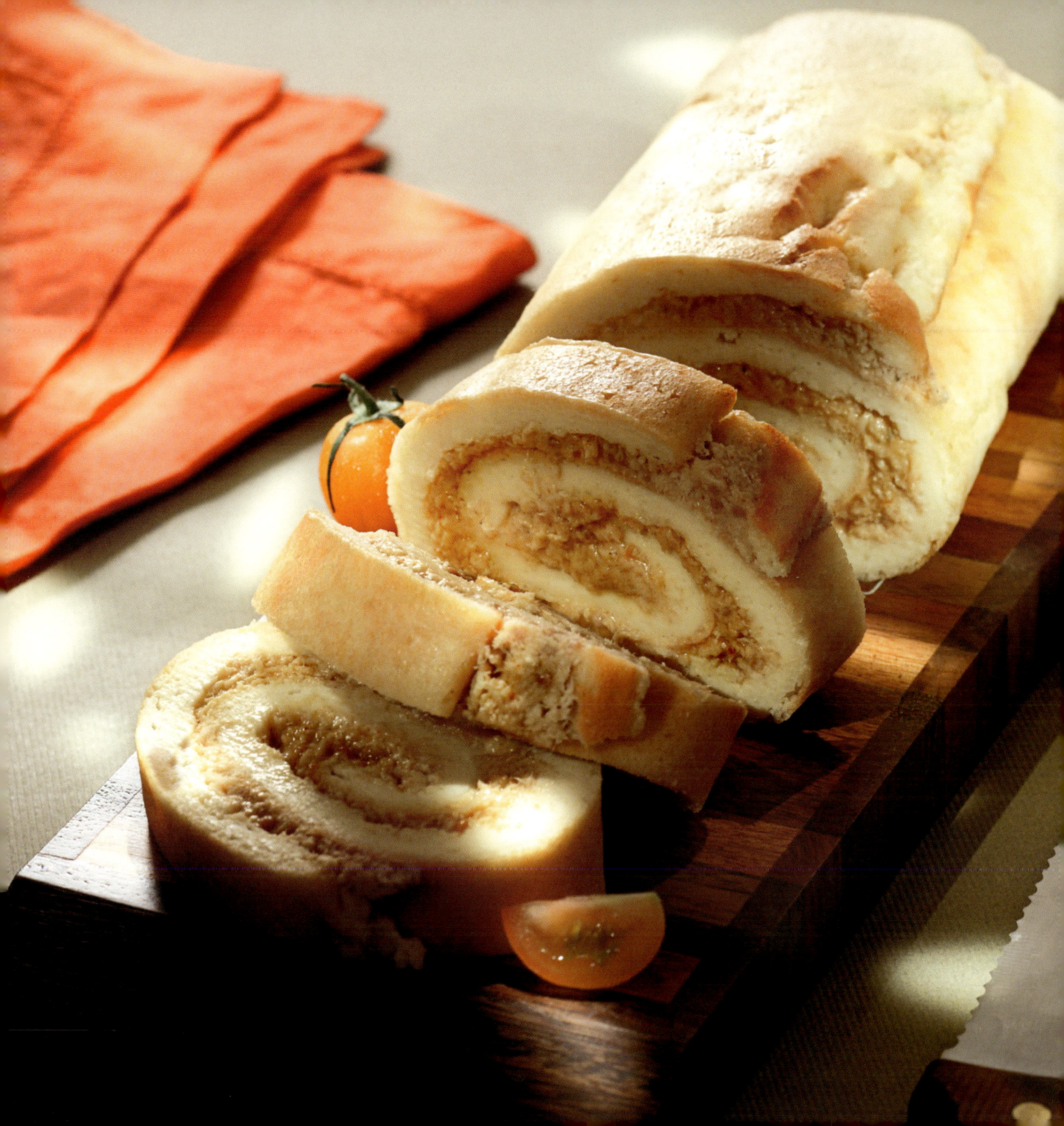

Rendimento: 5 porções / Tempo de Preparo: 50 minutos / Dificuldade: Fácil

Coxas ao Molho de Cogumelos

Ingredientes
1kg de coxas de frango
sal a gosto
2 colheres (chá) de páprica doce
suco de 1 limão
meia colher (chá) de noz-moscada
3 colheres (sopa) de manteiga
2 dentes de alho picados
meia cebola picada
meia xícara (chá) de funghi seco hidratado
meia xícara (chá) de shitake picado
meia xícara (chá) de cogumelos frescos fatiados
1 colher e meia (sopa) de farinha de trigo
1 garrafa de creme de leite fresco (500ml)
1 pitada de pimenta-do-reino
2 colheres (sopa) de salsa picada

Modo de Preparo
Tempere o frango com o sal, a páprica, o limão e a noz-moscada. Reserve.

Derreta a manteiga em uma panela média e frite o alho, a cebola, o funghi, o shitake e os cogumelos. Quando os ingredientes estiverem dourados, polvilhe a farinha de trigo e acrescente o creme de leite, mexendo sempre. Coloque sal e a pimenta-do-reino. Deixe cozinhar por 5 minutos, adicione a salsa e desligue. Grelhe ou frite as coxas de frango e sirva com o molho.

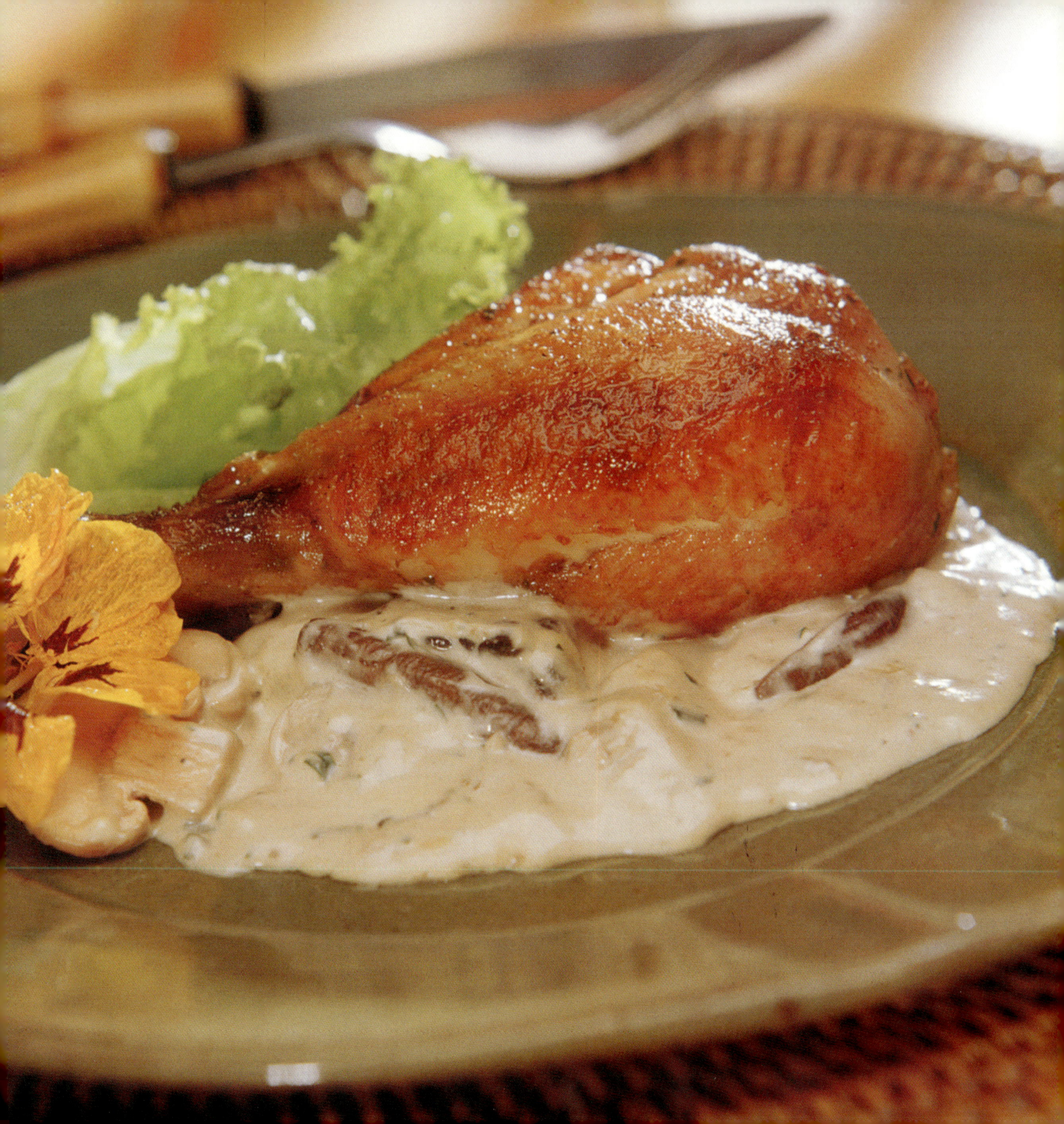

Rendimento: 5 porções / Tempo de Preparo: 1 hora / Dificuldade: Fácil

Sobrecoxas com Molho de Pimentas

Ingredientes

1kg de sobrecoxas de frango
sal a gosto
suco de 1 limão
1 colher (sopa) de tomilho
3 colheres (sopa) de manteiga
2 colheres (sopa) de azeite
1 colher (sopa) de pimenta-do-reino verde em grãos
1 colher (sopa) de pimenta rosa
2 colheres (sopa) de farinha de trigo
1 xícara (chá) de vinho branco seco
2 xícaras (chá) de leite
2 colheres (sopa) de extrato de tomate
1 tablete de caldo de galinha
1 lata de creme de leite light

Modo de Preparo

Tempere as sobrecoxas com o sal, o limão e o tomilho. Derreta a manteiga junto com o azeite e frite o frango até que fique dourado. Retire os pedaços de frango e reserve.

Amasse metade das pimentas verdes, junte as pimentas restantes e, na mesma panela do frango, frite-as um pouco. Junte a farinha de trigo e vá adicionando o vinho branco aos poucos, sem parar de mexer. Em seguida, junte o leite, também aos poucos, e deixe ferver. Acrescente o extrato de tomate, o tablete de caldo de galinha e as sobrecoxas fritas. Tampe a panela e deixe cozinhar por 20 minutos ou até que o frango esteja macio. Por último, adicione o creme de leite, deixe aquecer e desligue.

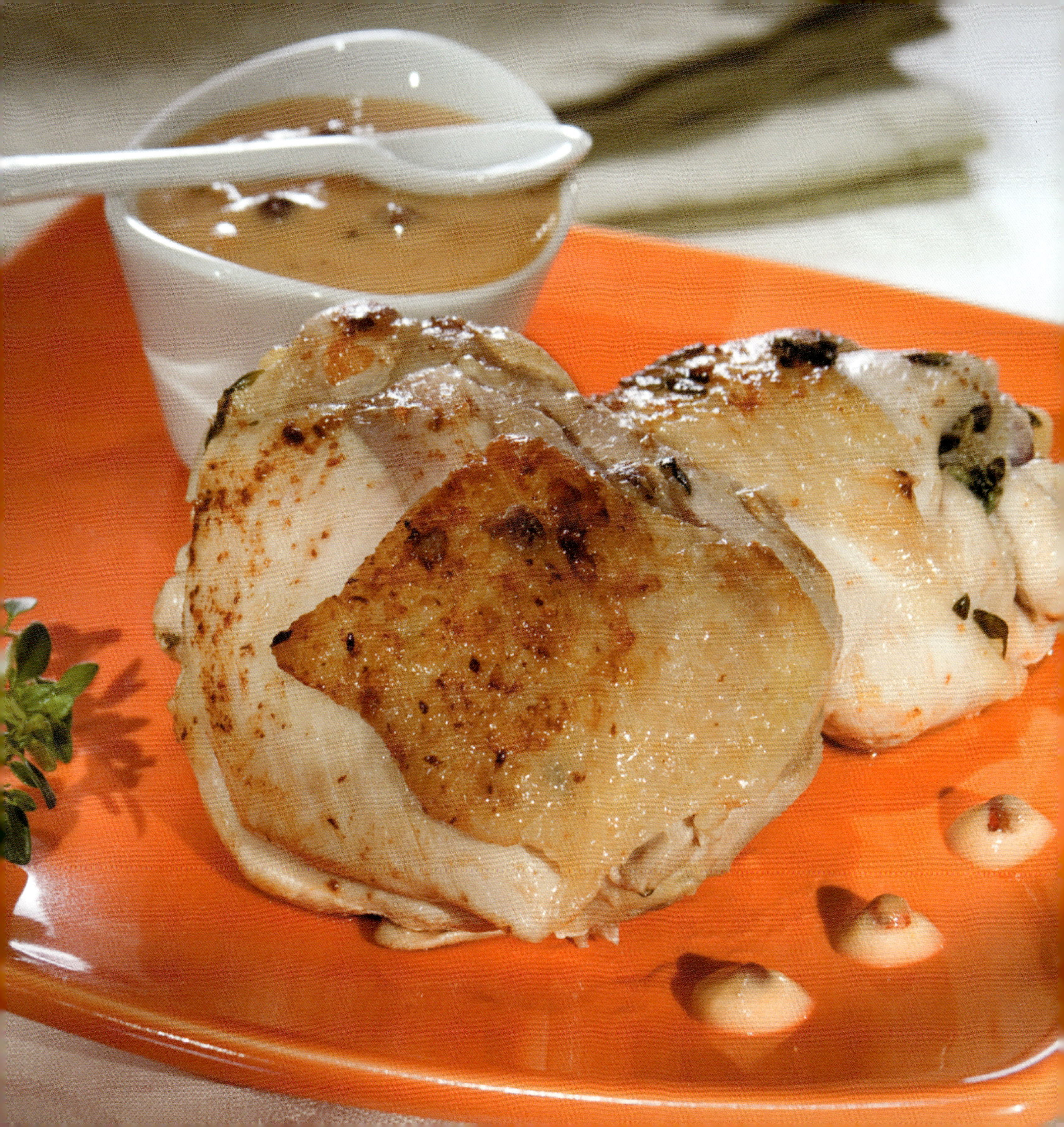

Rendimento: 5 porções / Tempo de Preparo: 1 hora de 20 minutos / Dificuldade: Fácil

Frango Dourado

Ingredientes
1kg de asas de frango
sal a gosto
1 pitada de pimenta-do-reino branca
2 dentes de alho amassados
4 colheres (sopa) de mostarda
1 xícara (chá) de suco de laranja
2 colheres (sopa) de alecrim

Modo de Preparo
Tempere as asas de frango com o sal, a pimenta-do-reino, o alho e a mostarda. Deixe tomar gosto por 30 minutos e transfira para uma assadeira.

À parte, misture o suco de laranja e o alecrim. Despeje esse suco na assadeira junto com o frango e leve ao forno preaquecido em temperatura média por 40 minutos, regando o frango, de vez em quando, com o líquido da assadeira.

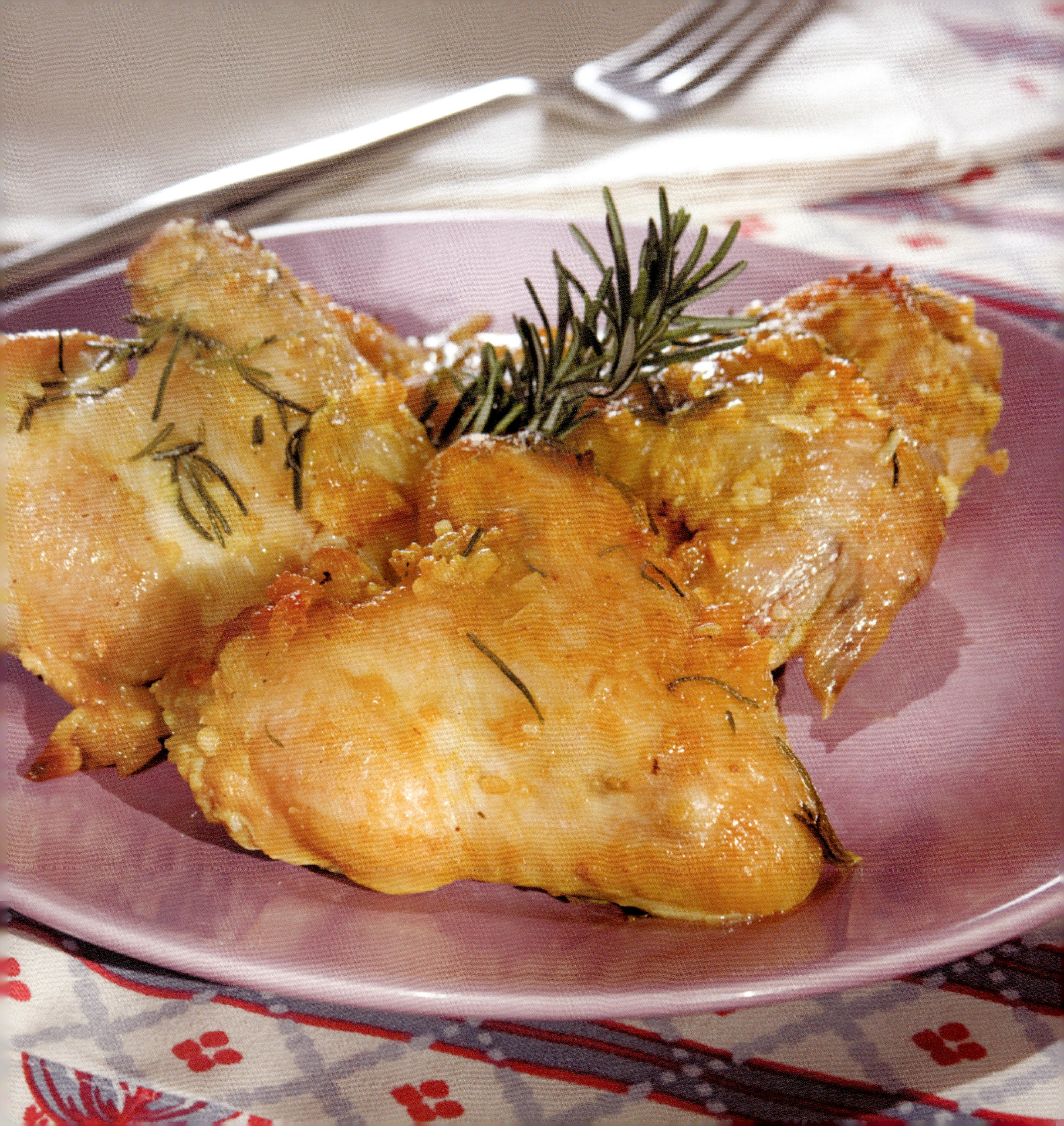

Rendimento: 5 porções / Tempo de Preparo: 1 hora / Dificuldade: Médio

Frango com Alecrim

Ingredientes

Frango
1kg de sobrecoxas desossadas
sal a gosto
1 xícara (chá) de vinho branco seco
2 colheres (sopa) de alecrim fresco
óleo para fritar

Molho
1/4 de xícara (chá) de vinho branco seco
1/4 de xícara (chá) de vinagre de vinho branco
meia xícara (chá) de cebolinha picada
3 gemas
meio tablete de manteiga sem sal em pedaços
1 tablete de caldo de galinha
meia colher (chá) de pimenta-do-reino branca
1 caixinha de polpa de tomate (260g)

Modo de Preparo

Frango
Tempere as sobrecoxas com o sal, o vinho e o alecrim. Deixe tomar gosto por 2 horas, mexendo de vez em quando para pegar gosto por toda a carne. Aqueça o óleo e frite as sobrecoxas até ficarem macias e douradas; coloque em um refratário. Reserve.

Molho
Em uma panela, coloque o vinho, o vinagre e a cebolinha e cozinhe em fogo baixo até que o líquido fique reduzido pela metade. Coloque o líquido em banho-maria e junte as gemas, batendo com um batedor até formar um creme fofo. Adicione um pedaço de manteiga de cada vez, mexendo bem após colocar cada pedaço. O molho deve parecer uma maionese. Adicione o caldo de galinha, a pimenta-do-reino e a polpa de tomate e deixe aquecer. Despeje esse molho sobre as sobrecoxas e sirva a seguir.

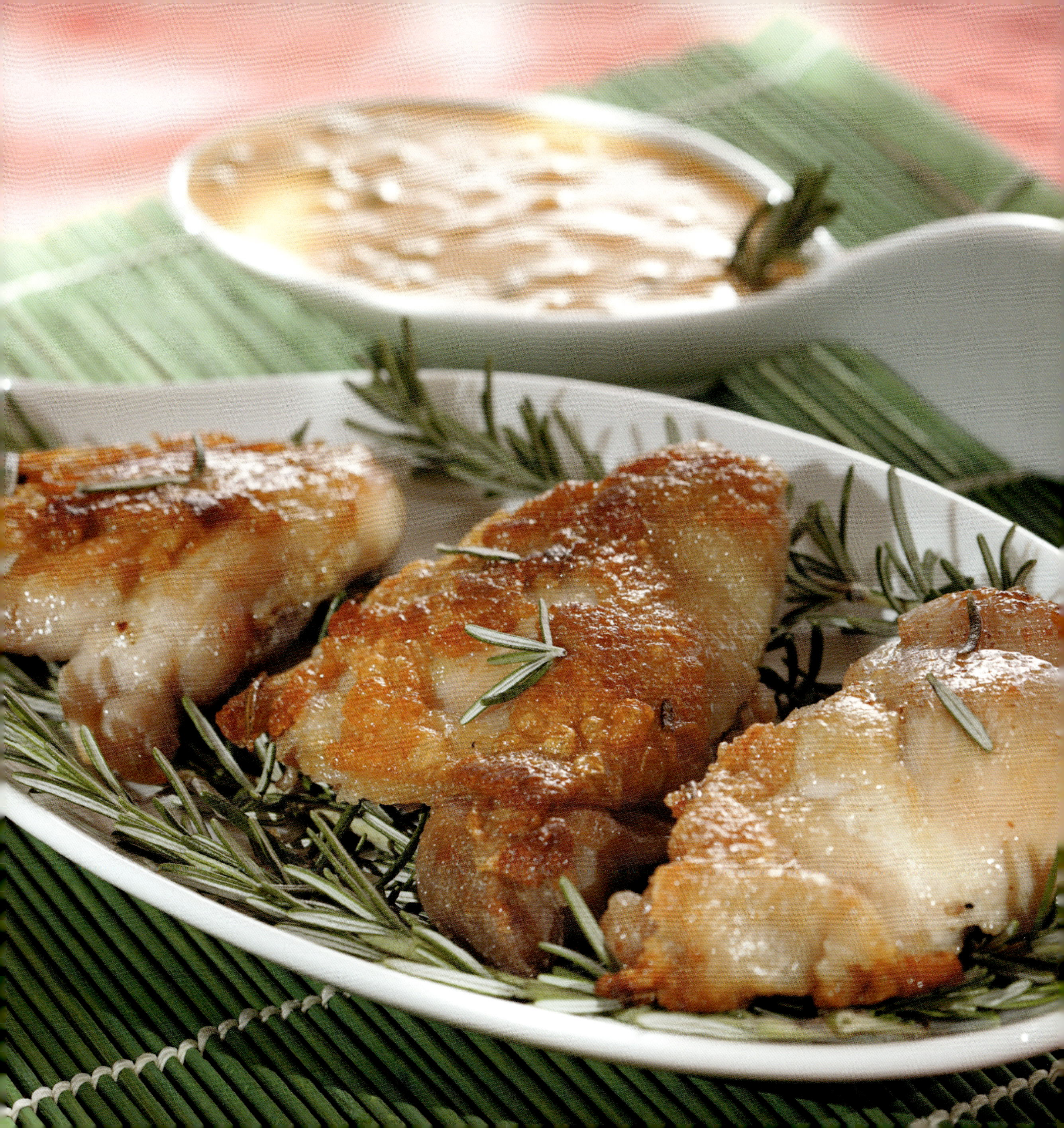

Rendimento: 5 porções / Tempo de Preparo: 1 hora e 20 minutos / Dificuldade: Fácil

Frango Quatro Ervas

Ingredientes
1kg de coxas e sobrecoxas de frango
sal a gosto
suco de 1 limão
1 colher (sopa) de cebolinha picada
1 colher (sopa) de coentro picado
1 colher (sopa) de dill picado
1 colher (sopa) de estragão picado

Molho
2 colheres (sopa) de manteiga
2 colheres (sopa) de cebola ralada
1 colher (sopa) de farinha de trigo
2 xícaras (chá) de leite
1 pitada de pimenta-do-reino
1 pitada de noz-moscada
sal a gosto

Modo de Preparo
Tempere as coxas e sobrecoxas com o sal, o limão e as ervas. Deixe tomar gosto por 30 minutos e transfira para uma assadeira untada com manteiga. Cubra com papel alumínio e leve ao forno preaquecido em temperatura média por 30 minutos. Retire o papel alumínio e asse por mais 15 minutos ou até dourar.

Molho
Derreta a manteiga e frite a cebola e a farinha de trigo. Adicione o leite, aos poucos, sem parar de mexer e junte a pimenta-do-reino, a noz-moscada e o sal. Deixe ferver por 5 minutos em fogo baixo e desligue. Sirva as coxas e sobrecoxas assadas com o molho.

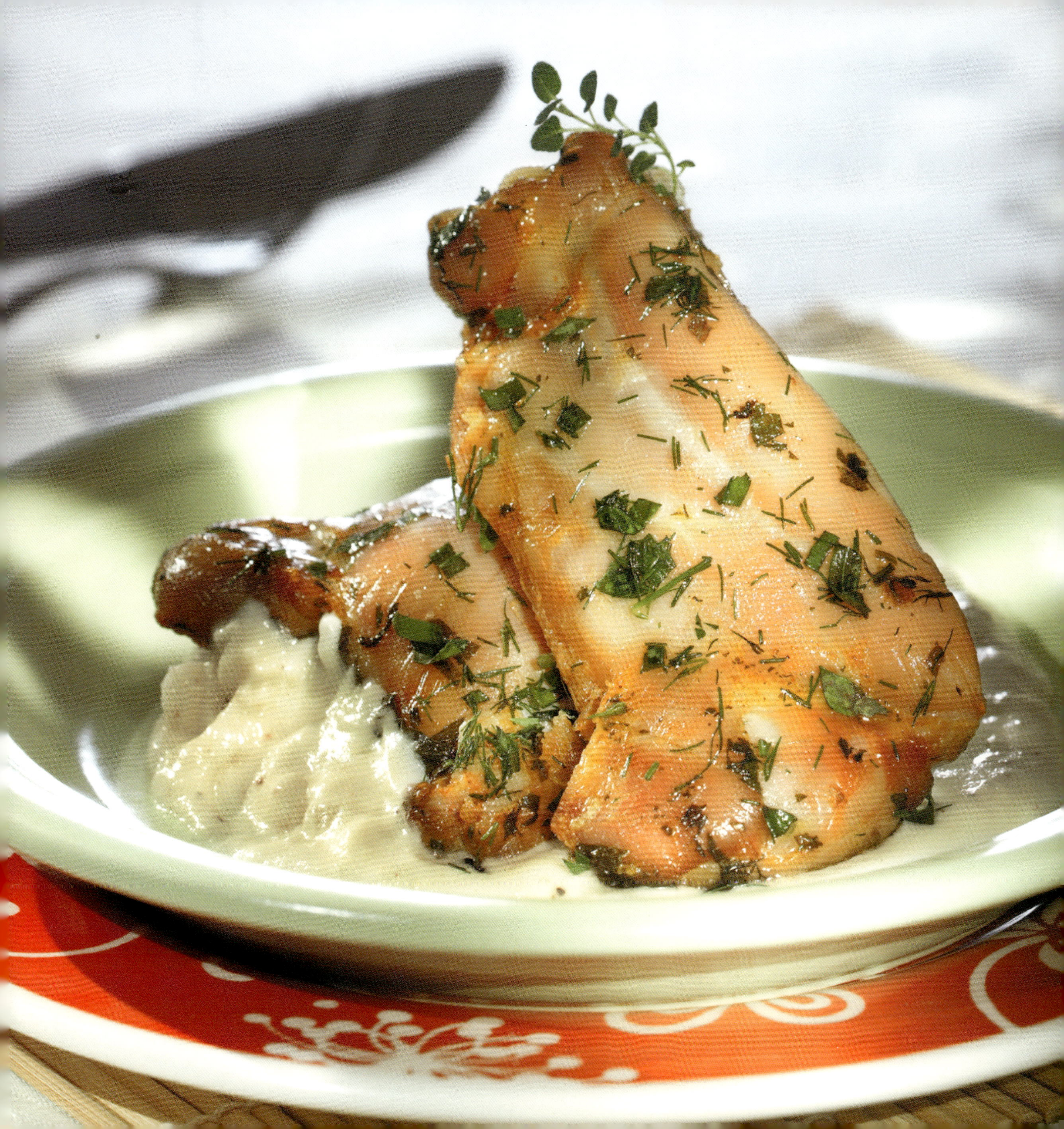

Rendimento: 6 porções / Tempo de Preparo: 1 hora / Dificuldade: Fácil

Rolinhos Recheados

Ingredientes
6 filés de frango
suco de 1 limão
sal a gosto
1 colher (chá) de cominho em pó
6 fatias de presunto
6 fatias de mussarela
2 colheres (sopa) de manteiga
1 cebola média picada
2 dentes de alho picados
1 caixinha de polpa de tomate (520g)
2 envelopes de caldo de galinha em pó
3 colheres (sopa) de cebolinha picada

Modo de Preparo
Tempere os filés com o suco de limão, o sal e o cominho e deixe tomar gosto por 30 minutos. Coloque uma fatia de presunto e uma de mussarela em cada filé, enrole e prenda com palito de dente. Forre uma assadeira com papel alumínio, arrume os filés e leve ao forno preaquecido em temperatura média-alta por 30 minutos ou até que estejam macios.

Em uma panela, derreta a manteiga e doure a cebola e o alho. Acrescente a polpa de tomate e meia xícara (chá) de água. Adicione o caldo e a cebolinha. Despeje o molho sobre os filés e sirva com arroz branco.

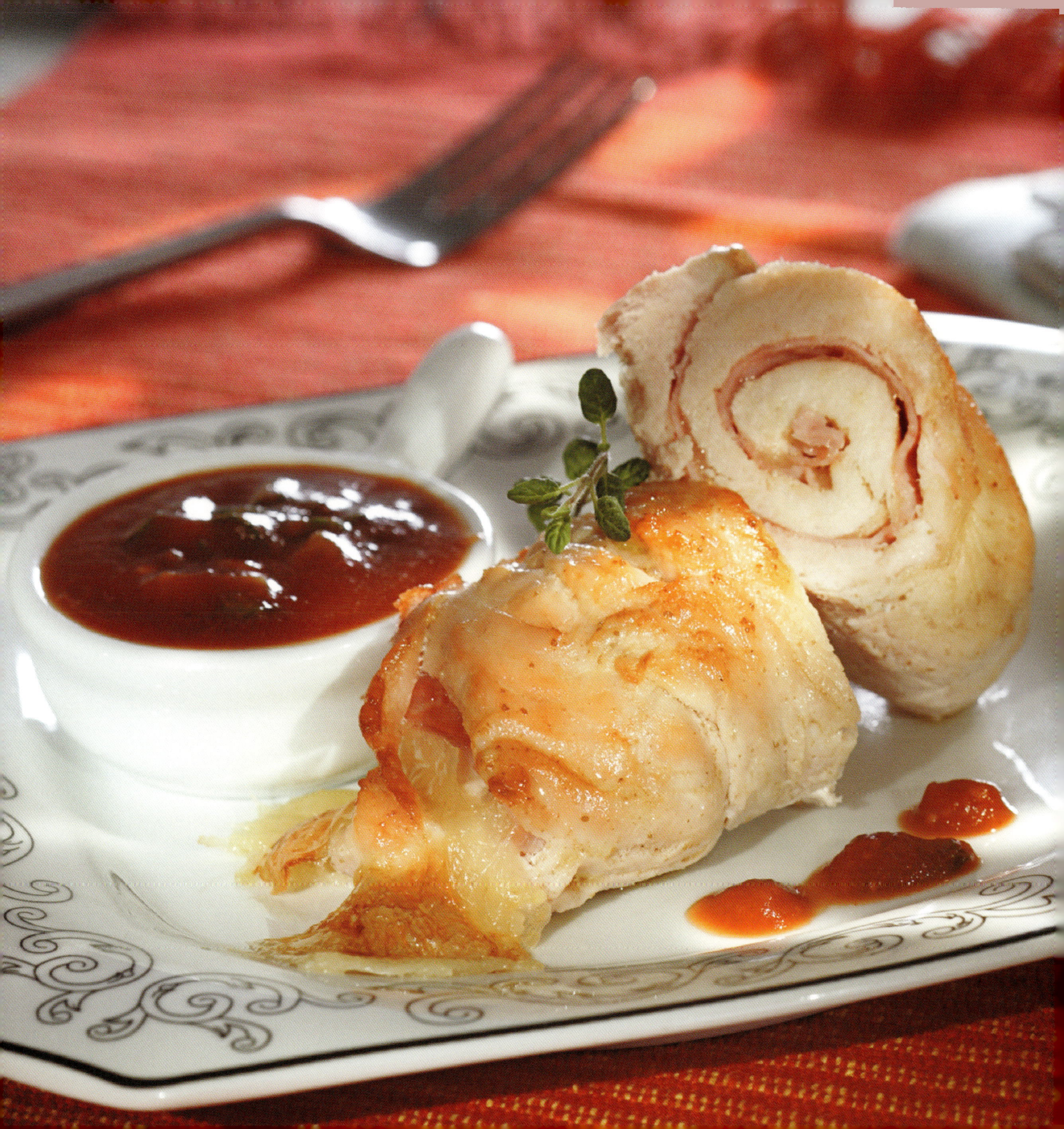

Rendimento: 5 porções / Tempo de Preparo: 40 minutos / Dificuldade: Fácil

Cubos de Frango Caipira

Ingredientes
3 colheres (sopa) de manteiga
1 dente de alho picado
1kg de peito de frango cortado em cubos
1 cebola grande picada
1 pimentão vermelho picado
sal a gosto
4 colheres (sopa) de salsa picada
1 lata de milho escorrida
1 caixinha de polpa de tomate (520g)
1 caixinha creme de leite (250g)

Modo de Preparo
Em uma panela grande, aqueça a manteiga, junte o alho e o frango e deixe dourar. Adicione a cebola, o pimentão, abaixe o fogo e refogue até que a cebola esteja macia. Tempere com o sal e a salsa. Misture o milho, a polpa de tomate e, por último, o creme de leite. Sirva com arroz branco.

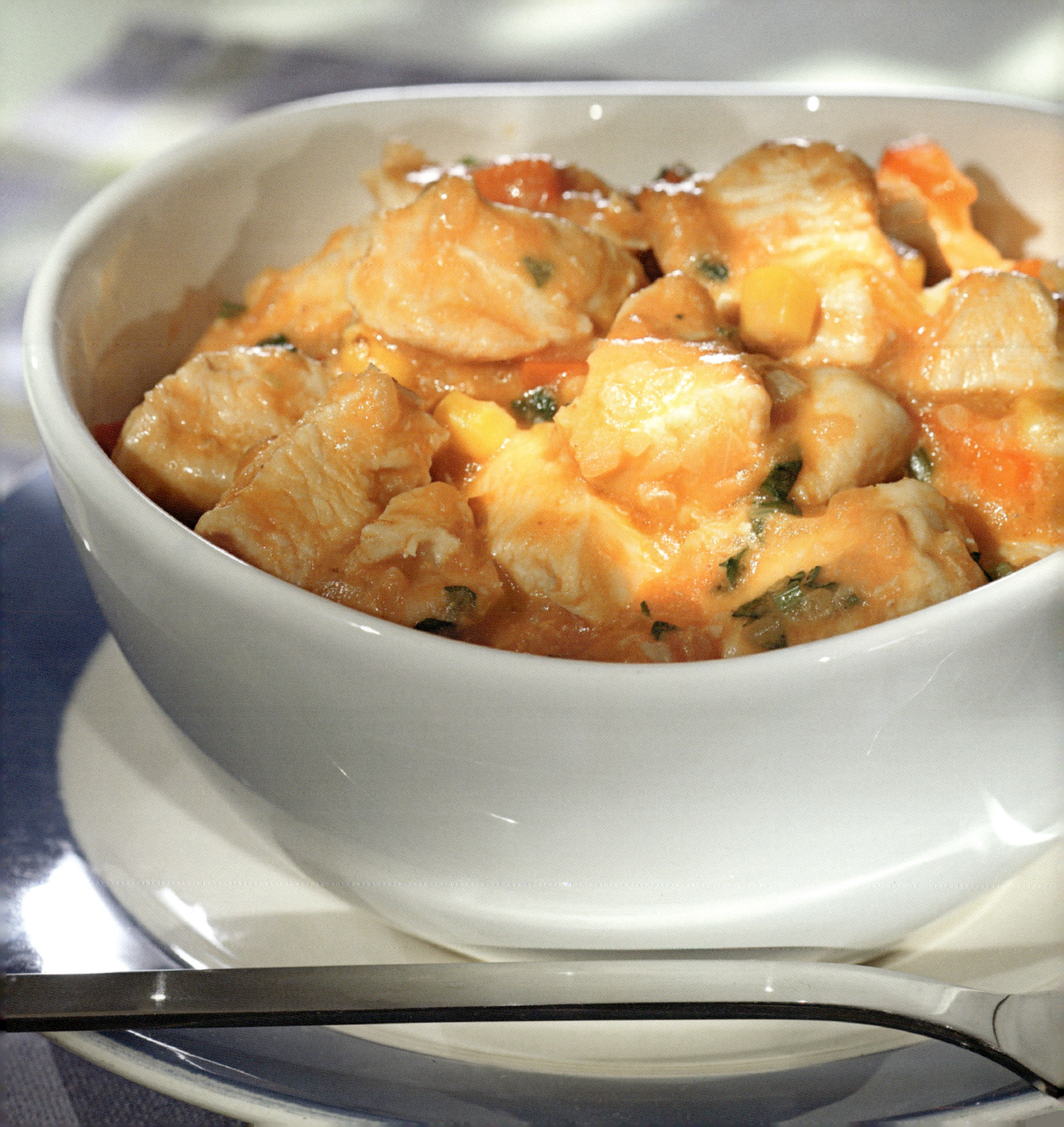

Rendimento: 8 porções / Tempo de Preparo: 1 hora e 20 minutos / Dificuldade: Fácil

Frango à Moda Árabe

Ingredientes
2 peitos de frango desossados e limpos
sal a gosto
1 pitada de pimenta-do-reino
1 cebola média picada
4 dentes de alho picados
2 colheres (sopa) de óleo
1 caixinha de polpa de tomate (520g)
meio pacote de grão-de-bico (250g)
1 xícara (chá) de leite
2 gemas
2 colheres (sopa) de amido de milho
1 caixinha de creme de leite (250g)
6 colheres (sopa) de queijo parmesão ralado
2 colheres (sopa) de manteiga
1 tablete de caldo de galinha

Modo de Preparo

Tempere o frango com o sal, a pimenta-do-reino, a cebola e o alho. Deixe tomar gosto por 30 minutos. Em uma panela, aqueça o óleo e refogue o frango com os temperos e a polpa de tomate. Adicione uma xícara (chá) de água e cozinhe em fogo baixo, com a panela tampada, até o frango ficar macio. Desligue, desfie o frango e volte na panela com o molho.

Cozinhe o grão-de-bico, escorra e bata no liquidificador com o leite, as gemas, o amido de milho e o creme de leite. Despeje em uma panela, junte metade do queijo ralado, a manteiga e o caldo de galinha. Leve ao fogo, mexendo sempre, até engrossar.

Em um refratário untado, coloque o frango e espalhe o creme de grão-de-bico. Polvilhe o restante do queijo ralado e leve ao forno para gratinar. Sirva quente.

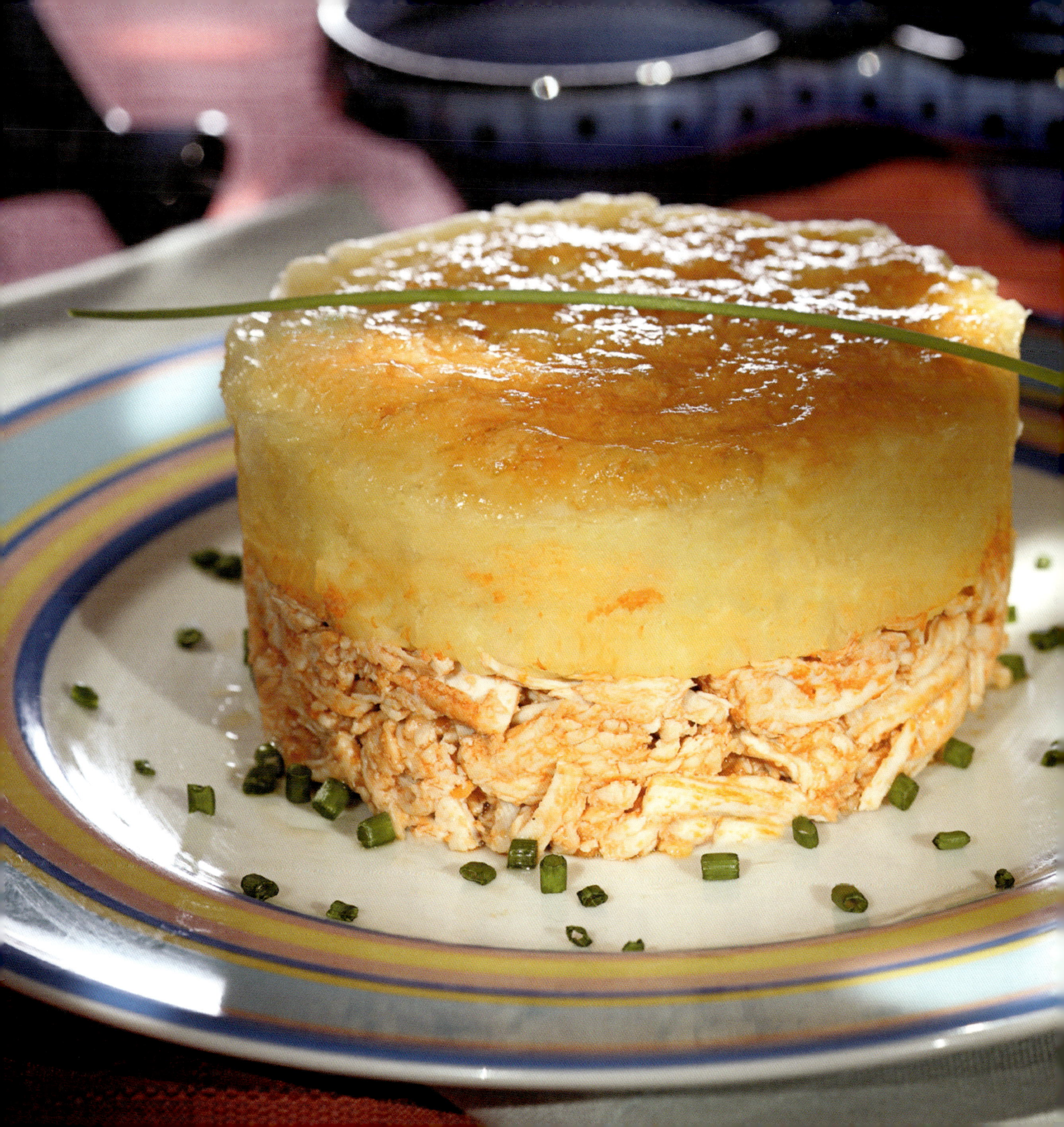

Rendimento: 8 porções / Tempo de Preparo: 40 minutos / Dificuldade: Fácil

Frango Chinês

Ingredientes
1 colher (sopa) de óleo
2 dentes de alho amassados
meia colher (chá) de pimenta dedo-de-moça picada
2 colheres (chá) de gengibre fresco ralado
1 pimentão vermelho cortado em quadrados
1 pimentão verde cortado em quadrados
1 cebola grande cortada em gomos
200g de ervilhas tortas cortadas na diagonal
1kg de peito de frango cortado em cubos
2 tabletes de caldo de galinha
3 colheres (chá) de amido de milho
2 colheres (sopa) de molho de soja
1 caixinha de polpa de tomate (520g)

Modo de Preparo
Aqueça o óleo em uma panela grande e refogue o alho, a pimenta, o gengibre, os pimentões, a cebola e as ervilhas por aproximadamente 5 minutos, mexendo de vez em quando. Retire os legumes da panela e reserve. Coloque o frango na panela, refogue, até que fique macio e dourado. Vá adicionando pequenas porções de água, se necessário. Adicione os tabletes de caldo de galinha e o amido de milho dissolvido em meia xícara (chá) de água. Acrescente o molho de soja e a polpa de tomate, misture bem e deixe ferver. Junte os legumes reservados, espere aquecer novamente e desligue. Sirva com arroz branco.

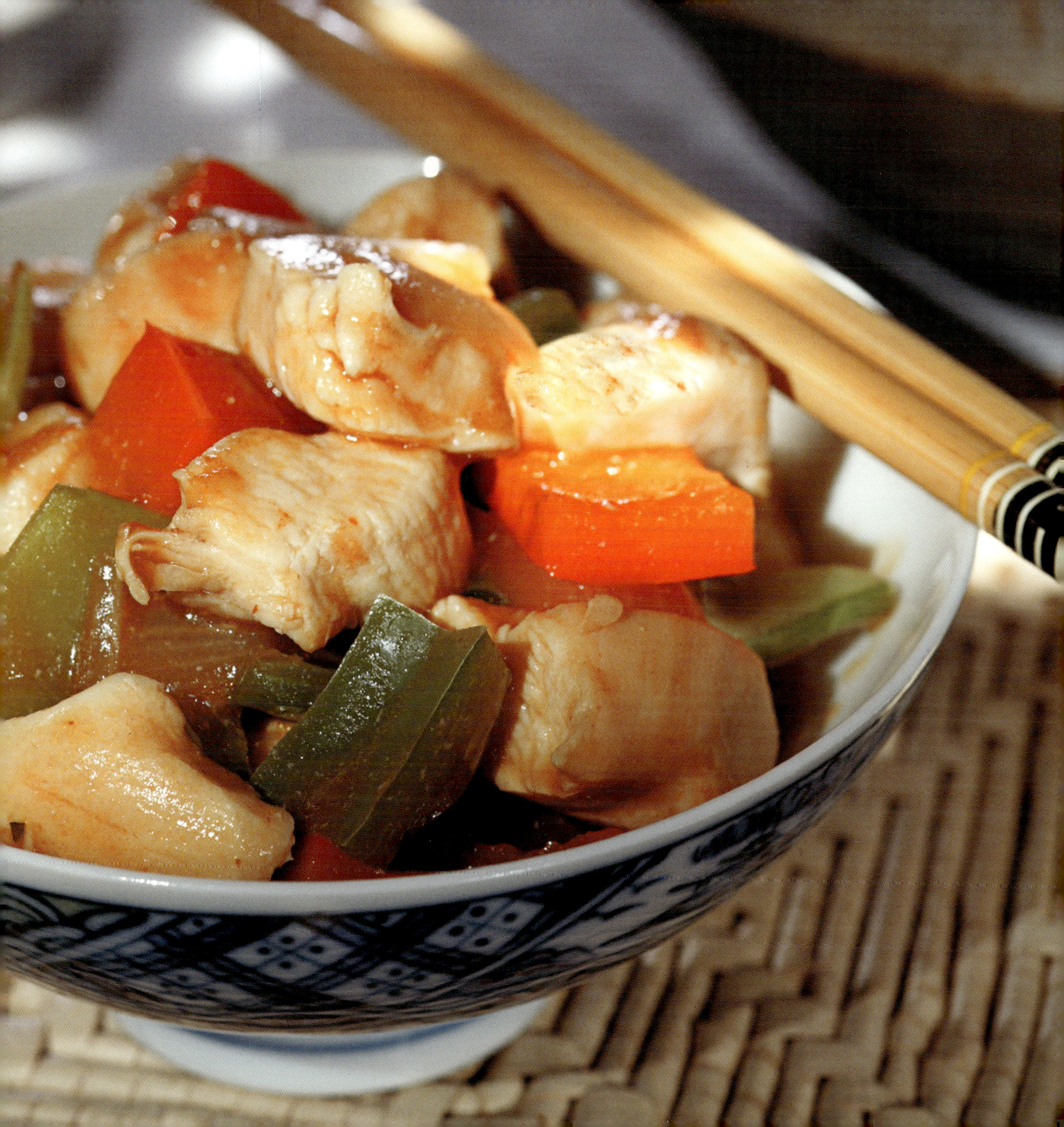

Rendimento: 4 porções / Tempo de Preparo: 50 minutos / Dificuldade: Médio

Frango Recheado com Champignons

Ingredientes

meia colher (sopa) de manteiga
1 xícara (chá) de champignon fatiado
1 pitada de noz-moscada
meio tablete de caldo de galinha
1 colher (sopa) de farinha de trigo
meia lata de creme de leite
meia colher (sopa) de mostarda
1 colher (sopa) de catchup
2 colheres (sopa) de queijo parmesão ralado
4 peitos de frango limpos
suco de 1 limão
sal a gosto
meia colher (chá) de pimenta-do-reino branca
1 ovo
1 xícara (chá) de farinha de rosca
1 litro de óleo para fritar

Modo de Preparo

Coloque a manteiga em uma panela e leve ao fogo até derreter. Junte o champignon e frite. Acrescente a noz-moscada, o caldo de galinha e misture até desmanchar. Polvilhe a farinha de trigo e adicione o creme de leite e mexa até engrossar. Junte a mostarda, o catchup e o parmesão. Deixe ferver e desligue. Espere esfriar.

Com uma faca afiada, abra os peitos de frango em duas partes, sem separá-los. Tempere com o limão, o sal e a pimenta-do-reino. Coloque uma porção de recheio em um lado do peito de frango e feche com a outra parte. Prenda com palitos de dente. Passe o frango pelo ovo batido e depois pela farinha de rosca.

Coloque o óleo em uma frigideira de bordas altas e leve ao fogo. Quando o óleo estiver quente, frite os frangos recheados até ficarem dourados. Sirva com uma salada de alface.

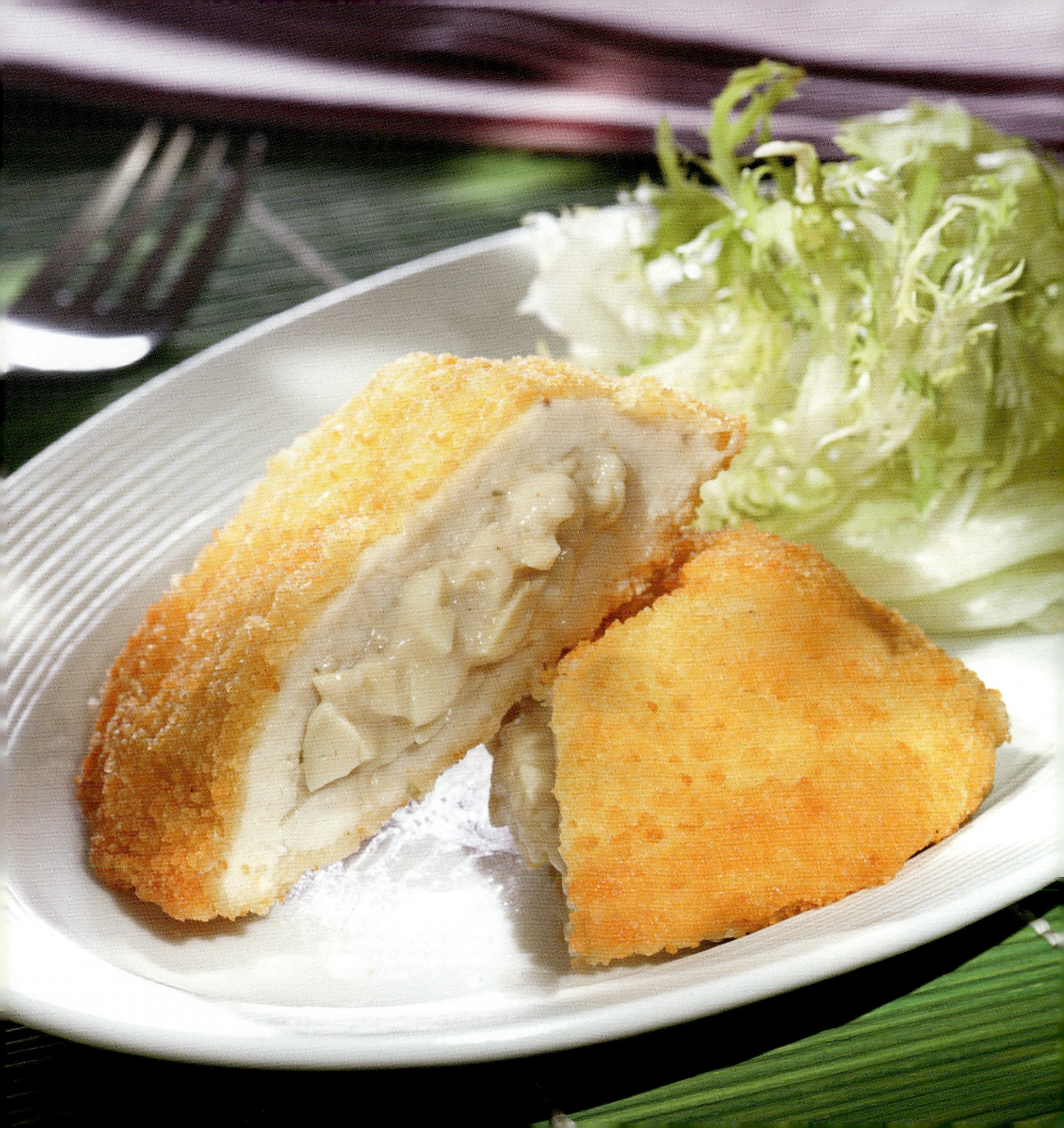

Rendimento: 5 porções / Tempo de Preparo: 30 minutos / Dificuldade: Médio

Torta de Frango com Catupiry

Ingredientes

Massa
500g de farinha de trigo
1 tablete de manteiga em temperatura ambiente
1 ovo
sal a gosto

Recheio
4 colheres (sopa) de óleo
1 cebola pequena ralada
meia xícara (chá) de purê de tomate
1 tablete de caldo de galinha
2 xícaras (chá) de frango cozido desfiado
1 colher (sopa) de orégano
2 xícaras (chá) de catupiry

Modo de Preparo

Massa
Em uma tigela, misture todos os ingredientes até formar uma massa homogênea. Abra 2/3 da massa, entre plásticos, com um rolo e forre o fundo e a lateral de uma fôrma de aro removível. Reserve.

Recheio
Aqueça o óleo e frite a cebola. Junte o purê de tomate, o caldo de galinha, o frango e o orégano. Misture tudo e cozinhe por 10 minutos. Desligue e espere esfriar. Coloque o recheio sobre a massa na fôrma e espalhe o catupiry. Abra a massa restante e feche a torta. Leve ao forno preaquecido em temperatura média por 40 minutos.

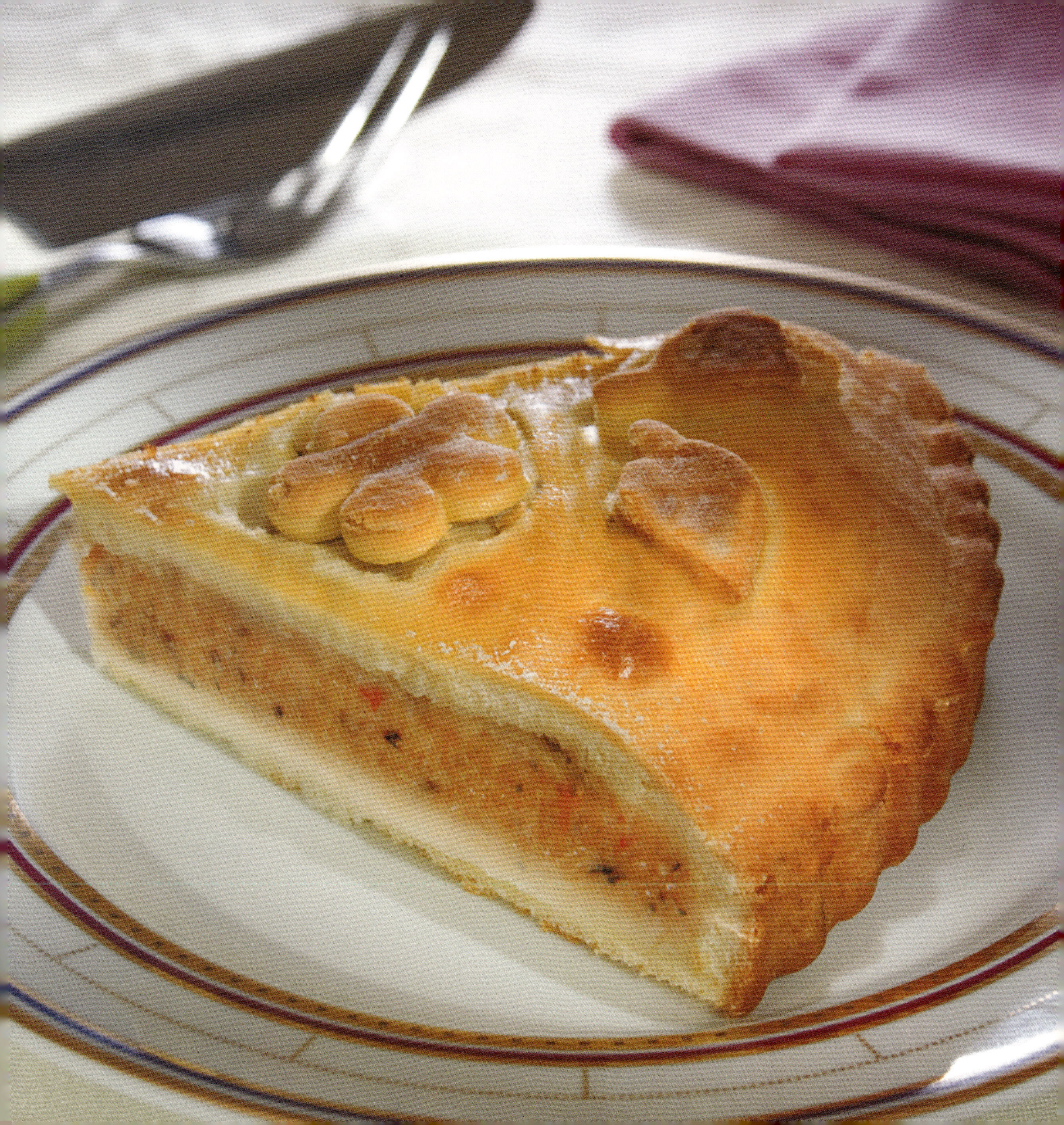

Rendimento: 6 porções / Tempo de Preparo: 45 minutos / Dificuldade: Fácil

Frango ao Queijo

Ingredientes
2 colheres (sopa) de manteiga
1 cebola pequena picada
1 dente de alho picado
1 colher (sopa) de farinha de trigo
2 xícaras (chá) de leite
3 colheres (sopa) de queijo cheddar ralado
5 colheres (sopa) de requeijão
2 colheres (sopa) de queijo brie picado
2 colheres (sopa) de queijo parmesão ralado
1 colher (sopa) de salsa
sal a gosto
1 litro de óleo
6 empanados de filé de frango

Modo de Preparo
Em uma panela, coloque a manteiga, leve ao fogo e doure a cebola e o alho. Acrescente a farinha de trigo e misture bem. Junte o leite, aos poucos, mexendo sempre, até engrossar. Adicione os queijos, a salsa e o sal. Deixe ferver para derreter todos os queijos e desligue.

Coloque o óleo em uma frigideira e leve ao fogo para aquecer. Frite os empanados e escorra em papel toalha. Sirva com o molho de queijos.

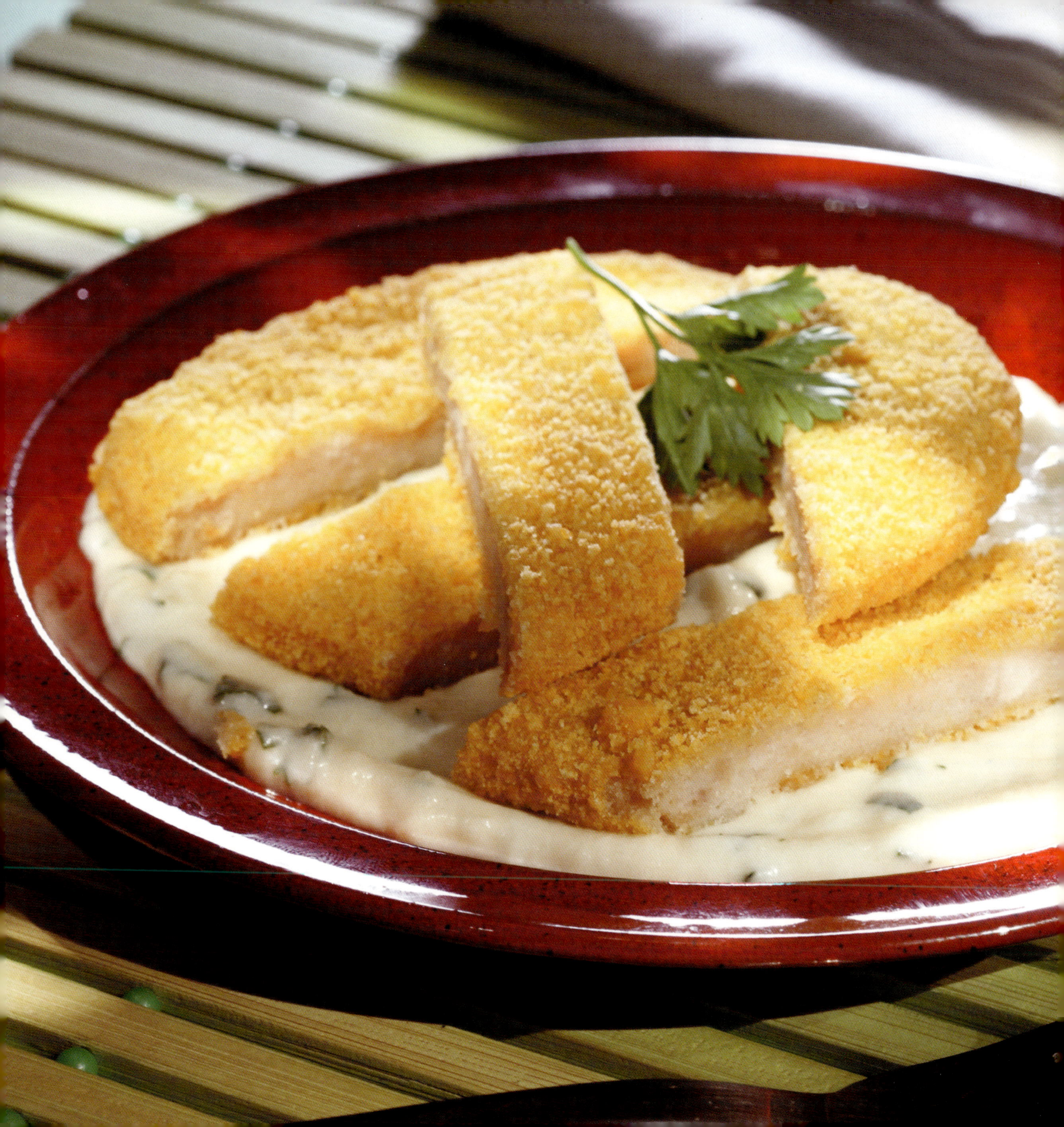

Rendimento: 2 porções / Tempo de Preparo: 30 minutos / Dificuldade: Fácil

Strogonoff de Frango

Ingredientes
1 colher (sopa) de manteiga
300g de peito de frango cortado em tiras
sal a gosto
1 pitada de pimenta-do-reino
1 colher (chá) de manjerona desidratada
meia xícara (chá) de champignon fatiado
1 caixinha de molho para strogonoff

Modo de Preparo
Aqueça a manteiga e frite o frango. Quando o frango estiver dourado, junte o sal, a pimenta-do-reino, a manjerona e o champignon. Deixe fritar um pouco e acrescente o molho de strogonoff. Deixe ferver e desligue. Sirva com arroz branco e batata palha.

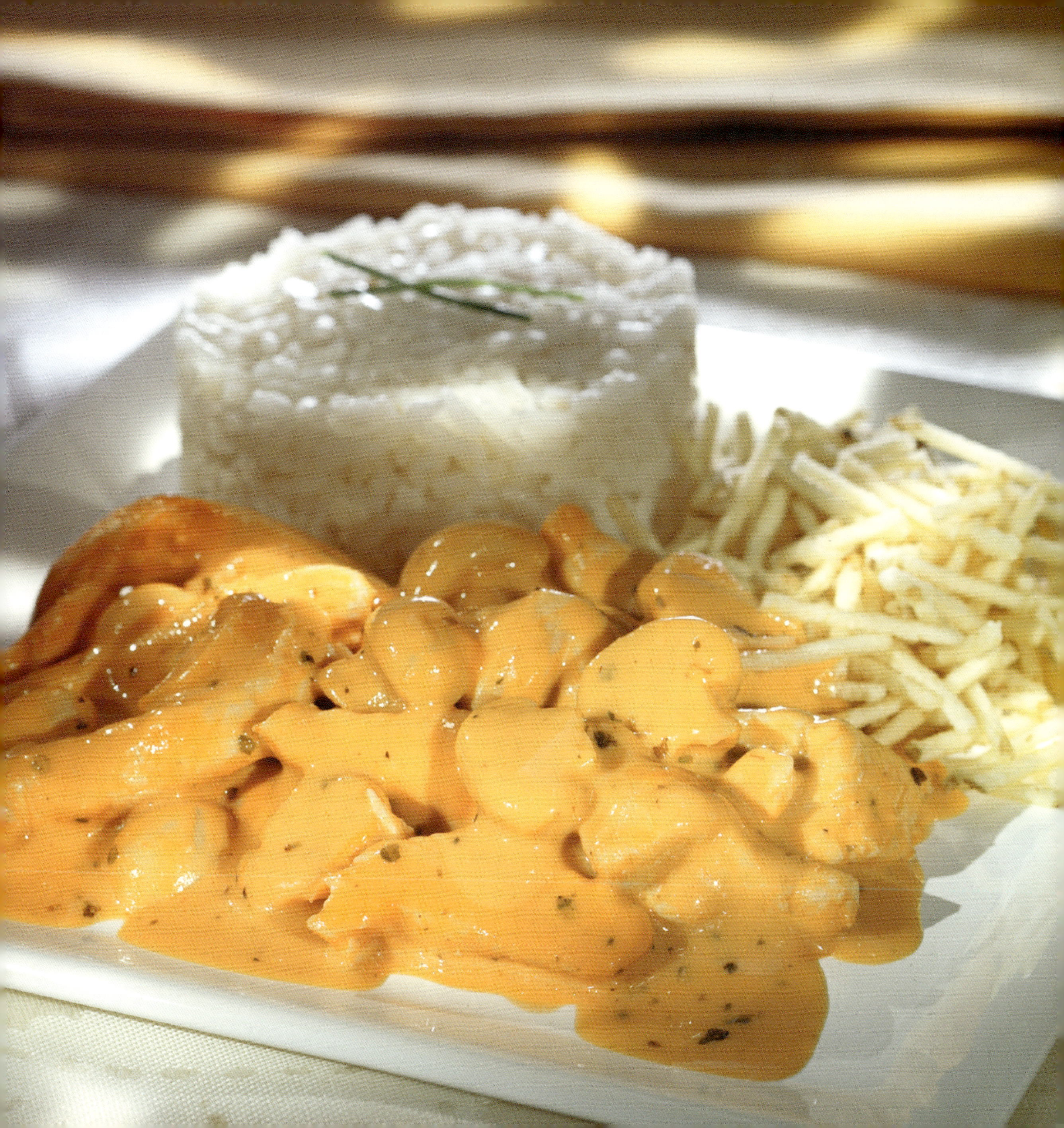

Rendimento: 2 porções / Tempo de Preparo: 1 hora / Dificuldade: Médio

Trouxinhas ao Molho de Queijo

Ingredientes

Massa
1 ovo
3 colheres (sopa) de farinha de trigo
2 colheres (sopa) de amido de milho
meia xícara (chá) de leite
meia colher (chá) de fermento em pó
1 pitada de sal
óleo para untar

Recheio
meia colher (sopa) de manteiga
meia colher (sopa) de farinha de trigo
1 xícara (chá) de leite
sal a gosto
1 colher (chá) de coentro fresco
1 colher (sopa) de extrato de tomate
1 xícara (chá) de frango cozido e desfiado

Molho
1 caixinha de molho branco (250g)
1 pitada de pimenta-do-reino
1 pitada de noz-moscada
meia xícara (chá) de champignon fatiado
3 colheres (sopa) de queijo parmesão ralado
3 colheres (sopa) de queijo emental ralado

Modo de Preparo

Massa
Bata todos os ingredientes no liquidificador. Aqueça uma frigideira untada com óleo e coloque pequenas porções da massa, espalhando-as rapidamente. Doure os dois lados da panqueca e vá empilhando sobre um prato. Reserve.

Recheio
Derreta a manteiga em uma panela e junte a farinha de trigo. Deixe fritar um pouco, abaixe o fogo e junte o leite, sem parar de mexer. Adicione o sal, o coentro, o extrato de tomate e o frango. Cozinhe por 5 minutos e desligue.

Molho
Em uma panela, misture todos os ingredientes e cozinhe até os queijos derreterem.

Montagem
Coloque uma colher (sopa) do recheio no centro de cada massa e feche, unindo as bordas e formando uma trouxinha. Amarre as trouxinhas com uma cebolinha e transfira para um refratário. Espalhe o molho de queijo e leve ao forno preaquecido em temperatura média-alta por 15 minutos.

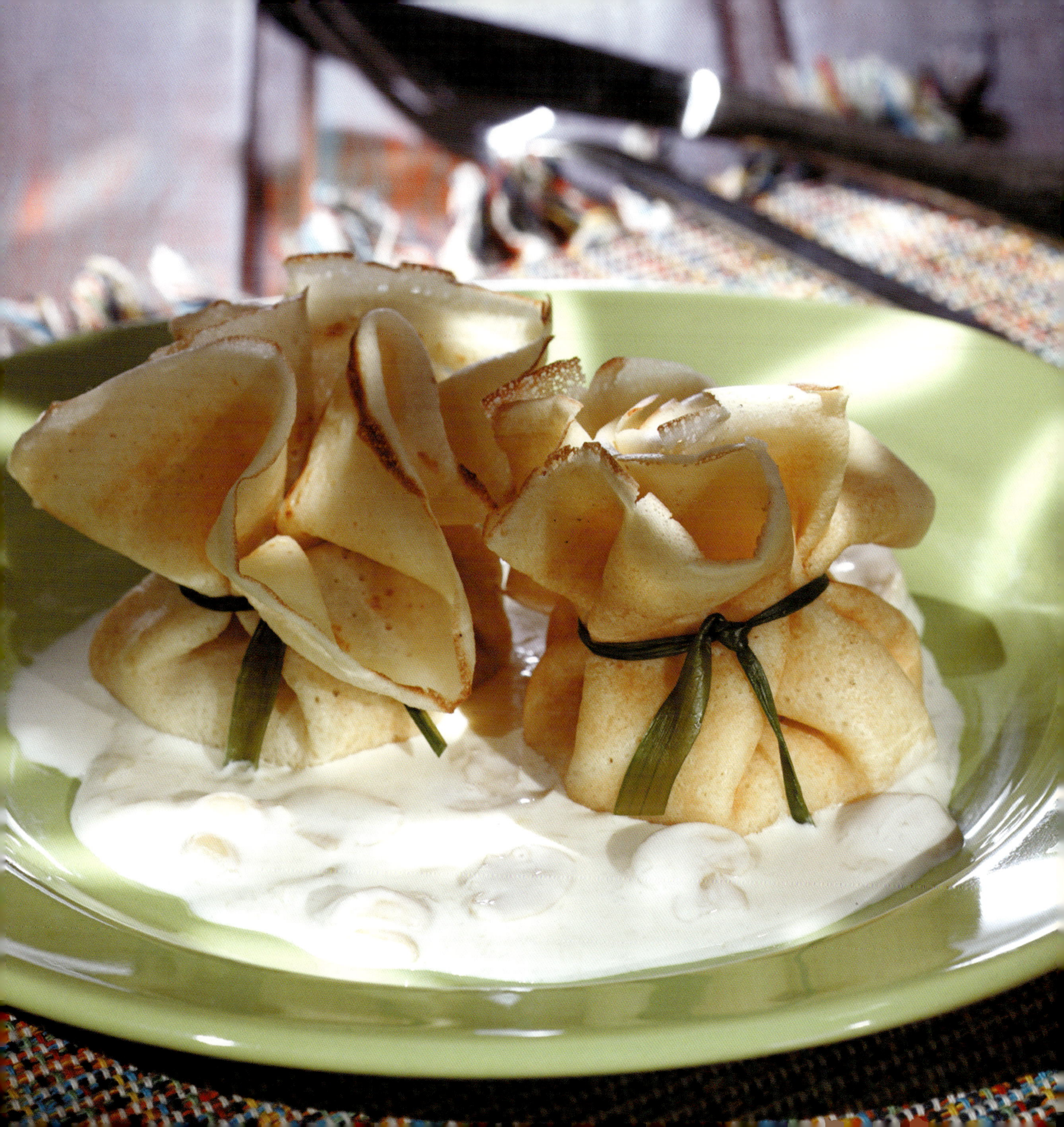

Rendimento: 2 porções / Tempo de Preparo: 1 hora e 20 minutos / Dificuldade: Fácil

Frango Crocante

Ingredientes
2 filés de frango grandes
suco de meio limão
sal e pimenta-do-reino a gosto
2 colheres (sopa) de maionese
1 xícara (chá) de biscoito água e sal triturado grosseiramente
1 litro de óleo para fritar

Modo de Preparo
Tempere os filés de frango com o limão, a pimenta-do-reino e o sal. Deixe tomar gosto por 1 hora. Envolva os filés na maionese e passe pelo biscoito triturado. Aqueça o óleo em uma panela funda e frite os filés. Sirva com salada de rúcula e palmito.

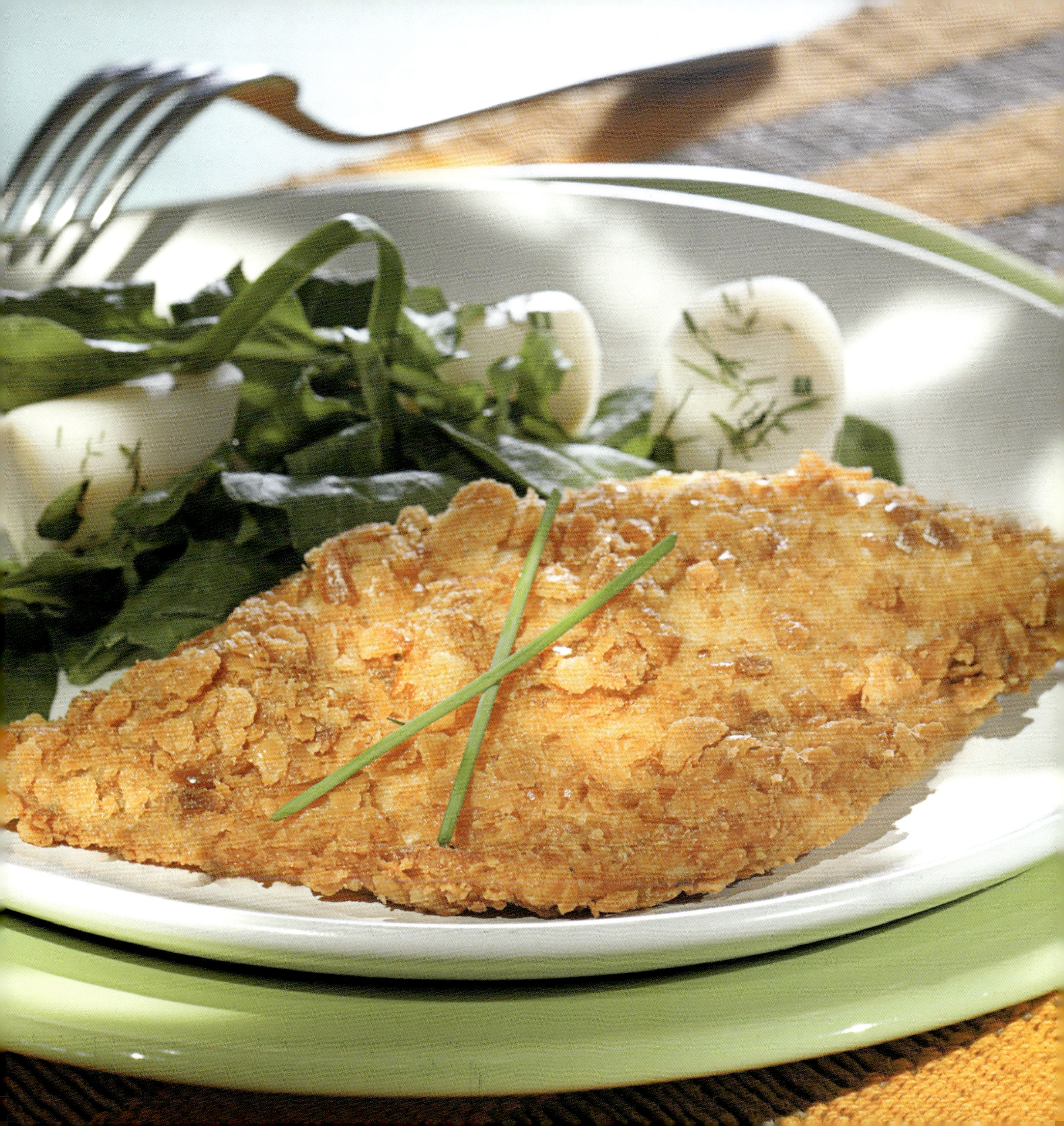

Rendimento: 10 porções / Tempo de Preparo: 1 hora e 10 minutos / Dificuldade: Médio

Panqueca de Brócolis e Frango

Ingredientes

Massa
2 ovos
meia xícara (chá) de amido de milho
meia xícara (chá) de farinha de trigo
1 colher (café) de fermento em pó
1 colher (sopa) de manteiga
1 xícara e meia (chá) de leite
1 pitada de sal

Recheio
3 colheres (sopa) de óleo
1 cebola ralada
500g de frango moído
meia colher (chá) de pimenta-do-reino
sal a gosto
1 maço de brócolis cozido com sal (só as flores)

Molho
4 dentes de alho
1 colher (sopa) de manteiga
1 colher (sopa) de óleo
1 caixinha de polpa de tomate (520g)
3 colheres (sopa) de folhas de manjericão
1 envelope de caldo de carne em pó
sal a gosto

Modo de Preparo

Massa
Bata todos os ingredientes no liquidificador até ficar homogêneo. Frite pequenas porções de massa em uma frigideira untada e vá empilhando em um prato.

Recheio
Aqueça o óleo e frite a cebola. Junte o frango moído e refogue até que ele esteja cozido. Adicione a pimenta-do-reino e o sal, misture e desligue.

Molho
Frite o alho na manteiga misturado com o óleo e adicione a polpa de tomate, o manjericão, o caldo de carne e o sal. Deixe ferver e desligue.

Montagem
Recheie as panquecas com o frango moído e coloque uma flor de brócolis em cada extremidade da panqueca. Arrume-as em um refratário e espalhe o molho por cima. Leve ao forno preaquecido em temperatura média-alta por 15 minutos. Sirva quente.

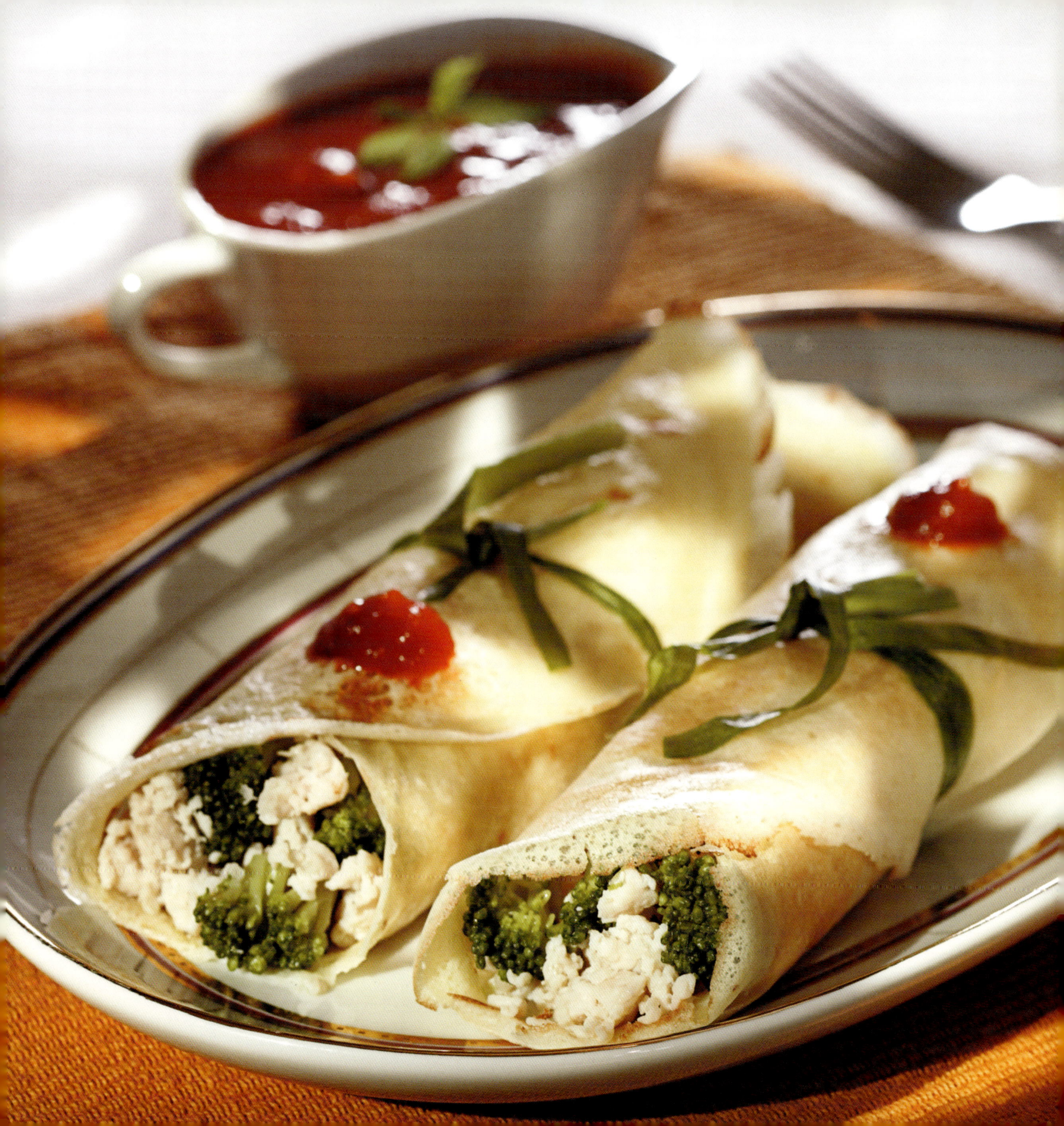

Rendimento: 6 porções / Tempo de Preparo: 45 minutos / Dificuldade: Fácil

Almôndegas Saudáveis

Ingredientes

Almôndegas
500g de peito de frango
1 talo de salsão picado
4 fatias de pão integral
3 colheres (sopa) de azeite
2 dentes de alho picados
1 cebola pequena picada
meia colher (chá) de raspas de limão
2 colheres (sopa) de aveia em flocos finos
sal a gosto

Molho
2 colheres (sopa) de azeite
1 cebola média picada
5 tomates sem pele e sem sementes picados em cubos pequenos
1 xícara (chá) de molho de tomate
sal e noz-moscada a gosto

Modo de Preparo

Almôndegas
Coloque no processador de alimentos todos os ingredientes e triture até ficar homogêneo. Molde bolinhas de peito de frango e coloque em uma assadeira untada. Leve ao forno em temperatura média-alta até que as almôndegas estejam assadas.

Molho
Aqueça o azeite e frite a cebola. Junte os tomates, o molho de tomate e meia xícara (chá) de água. Abaixe o fogo e deixe ferver com a panela semitampada por 5 minutos. Tempere com o sal e a noz-moscada. Coloque as almôndegas assadas no molho, ferva por mais 1 minuto e desligue. Sirva quente.

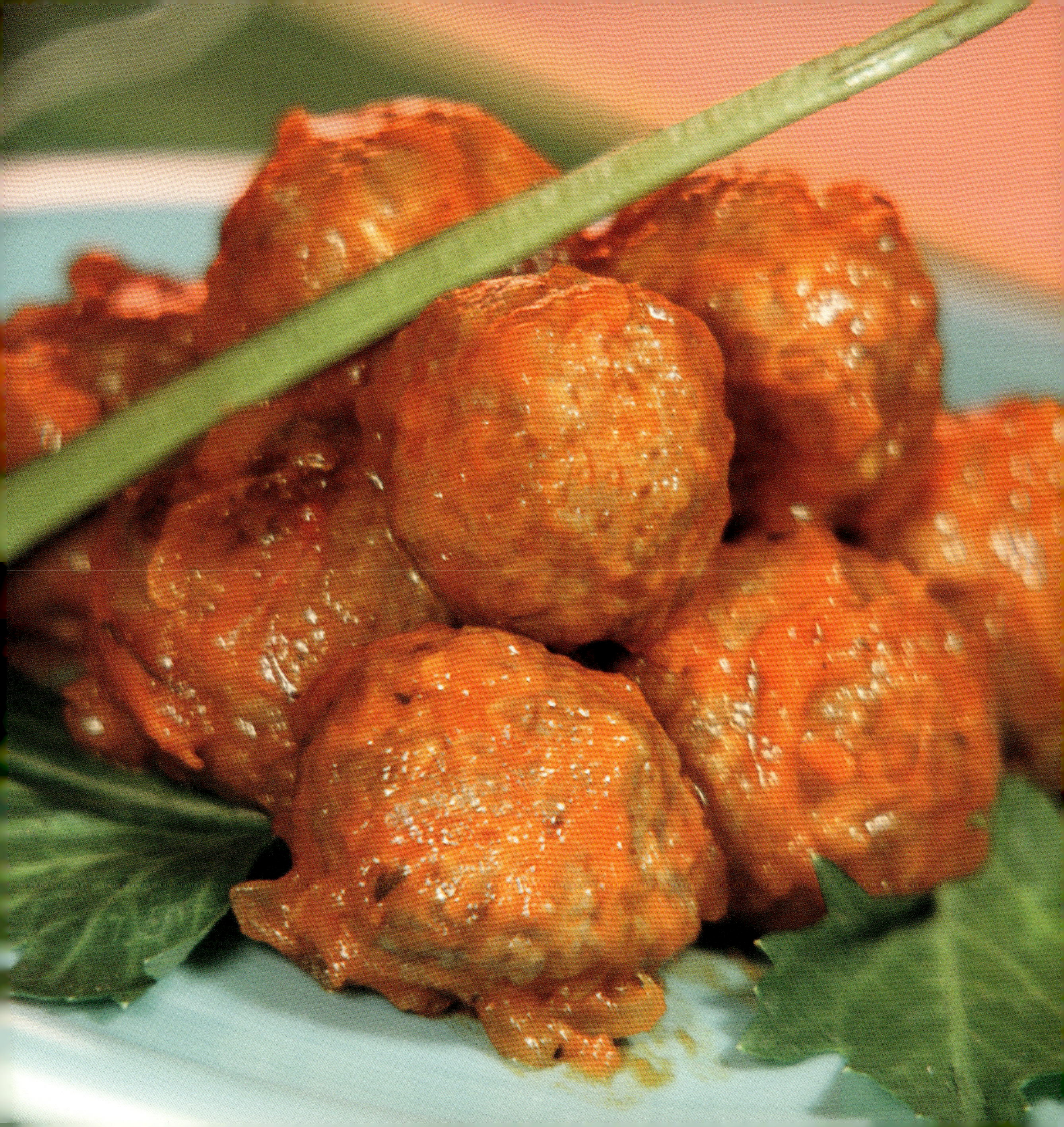

Rendimento: 4 porções / Tempo de Preparo: 20 minutos / Dificuldade: Fácil

Roupa Velha

Ingredientes
1 cebola pequena ralada
1 colher (sopa) de manteiga
2 tomates sem pele, sem sementes e picados
1 envelope de caldo de galinha
2 xícaras (chá) de sobras de frango
5 ovos batidos

Modo de Preparo
Refogue a cebola na manteiga, acrescente os tomates e o caldo de galinha. Junte o frango e refogue. Adicione os ovos e misture bem para cozinhá-los. Sirva quente, acompanhado de arroz branco.

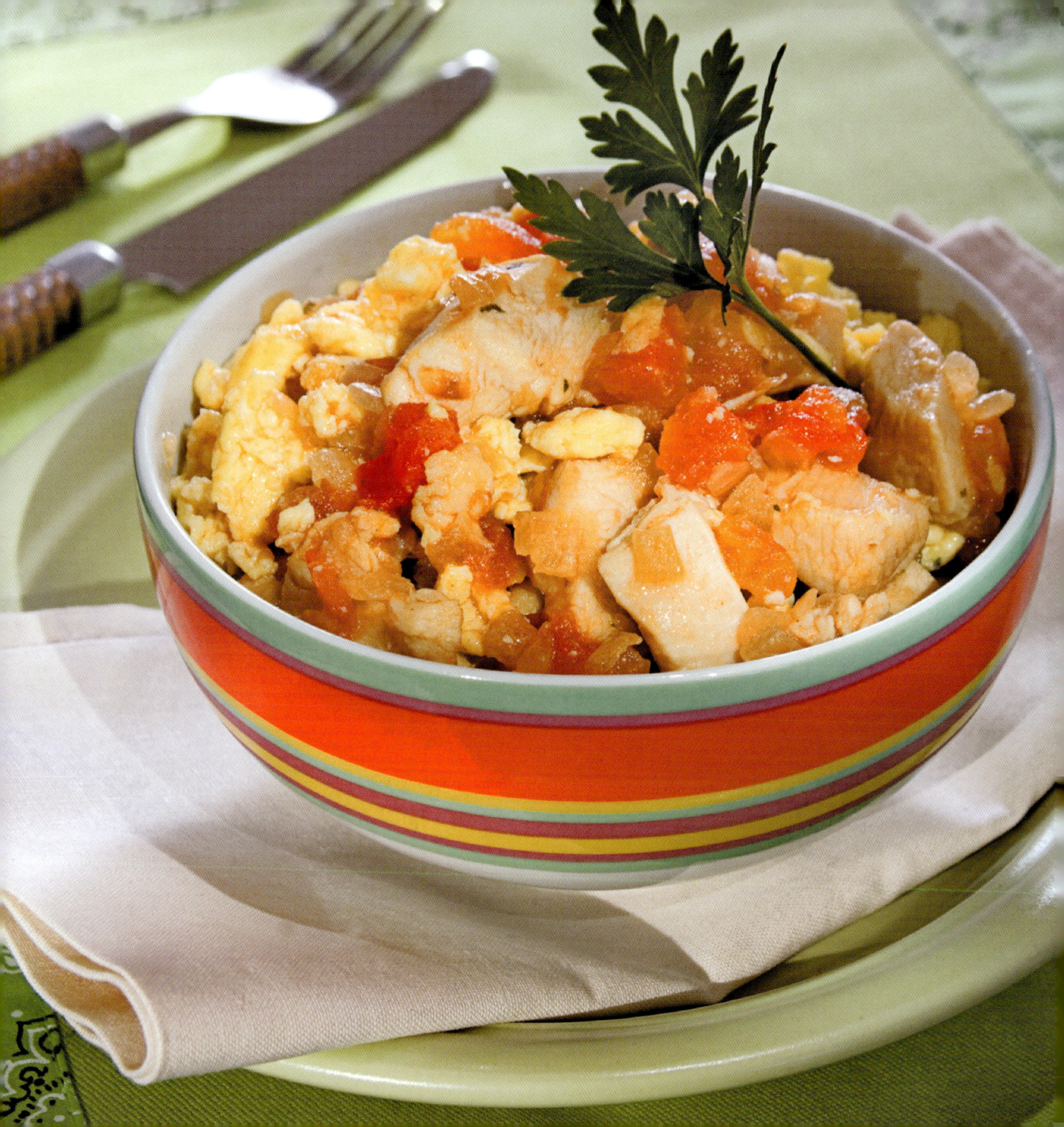

Rendimento: 6 porções / Tempo de Preparo: 1 hora e 15 minutos / Dificuldade: Médio

Torta de Frango e Palmito

Ingredientes

Recheio
3 colheres (sopa) de azeite
2 colheres (sopa) de manteiga com sal
meia cebola picada
1 dente de alho picado
1 peito de frango cozido com sal e desfiado
2 colheres (sopa) de farinha de trigo
1 xícara (chá) de leite
1 colher (sopa) de extrato de tomate
1 colher (sopa) de mostarda
1 vidro de palmito picado
1 pitada de pimenta-do-reino
1 pitada de sal

Massa
4 xícaras (chá) de arroz cozido
meio tablete de manteiga com sal (100g)
1 clara
1 colher (chá) de fermento em pó
1 xícara (chá) de farinha de trigo
1 gema para pincelar

Modo de Preparo

Recheio
Aqueça o azeite junto com a manteiga e frite a cebola e o alho. Adicione o frango e polvilhe a farinha de trigo. Acrescente o leite e misture rapidamente. Junte o extrato de tomate, a mostarda, o palmito, a pimenta-do-reino e o sal. Misture bem e desligue. Deixe esfriar.

Massa
Coloque o arroz no processador ou liquidificador e triture. Transfira para uma tigela e misture a manteiga, a clara e o fermento. Acrescente a farinha de trigo, aos poucos, até desgrudar das mãos. Separe 1/3 da massa e coloque na geladeira. Com o restante da massa, forre o fundo e a lateral de uma fôrma de torta com fundo removível, moldando a massa com as mãos; coloque o recheio. Abra a massa gelada com um rolo, entre dois pedaços de plástico e cubra a torta. Pincele com a gema e leve ao forno médio preaquecido em temperatura média por 50 minutos. Sirva quente ou fria.

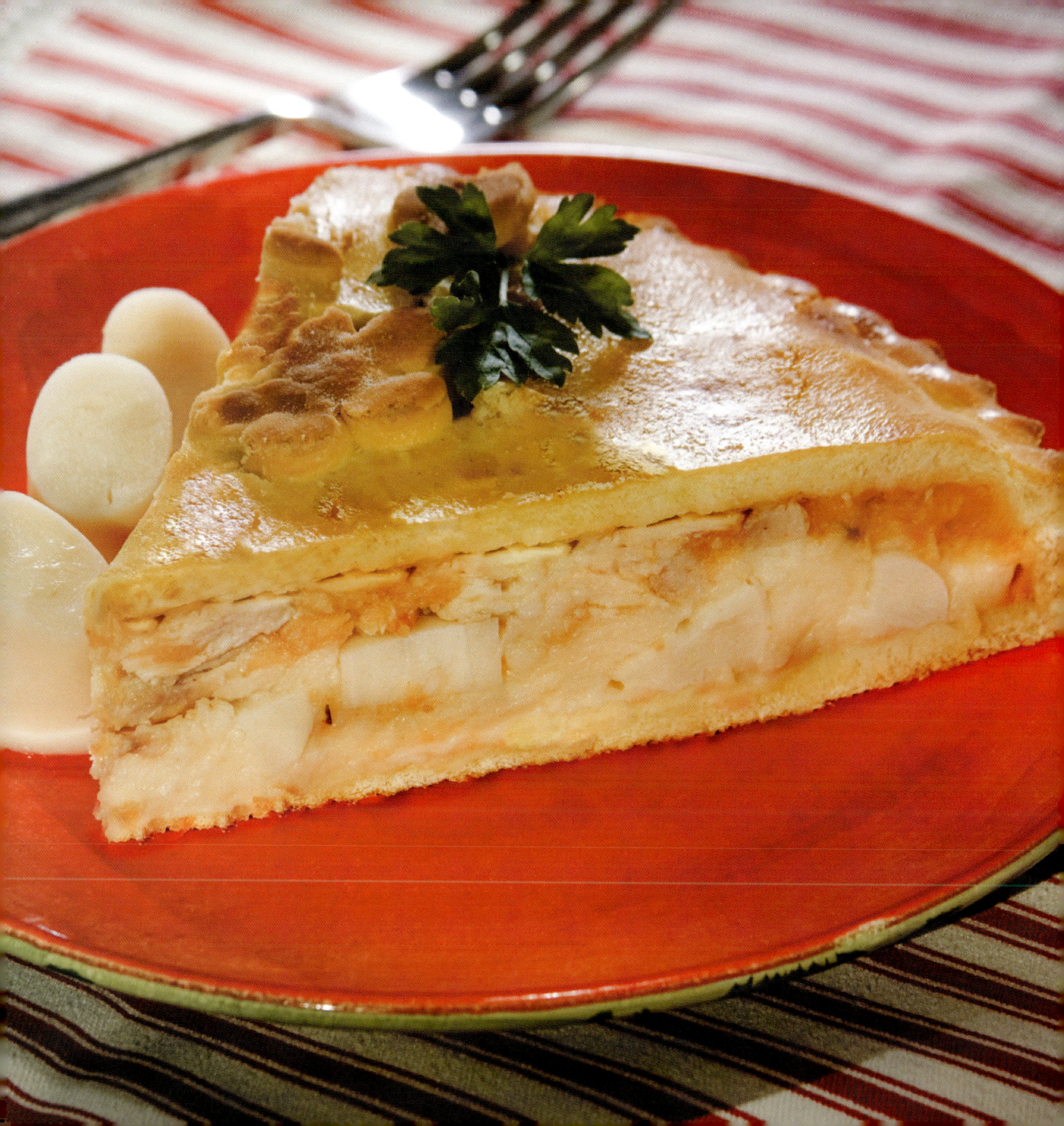

Rendimento: 10 porções / Tempo de Preparo: 2 horas e 30 minutos / Dificuldade: Médio

Peru com Molho de Maracujá

Ingredientes
1 peru inteiro temperado

Molho
6 fatias de bacon picadas
1 cebola média ralada
1 xícara (chá) de vinho branco seco
polpa de 3 maracujás
4 colheres (sopa) de cream cheese
1 colher (sopa) de fécula de batata
1 lata de creme de leite
sal a gosto

Acompanhamento
2 colheres (sopa) de azeite
3 colheres (sopa) de manteiga
5 batatas-doces médias descascadas, cortadas em rodelas e cozidas
3 maçãs com casca cortadas em fatias
meia xícara (chá) de açúcar mascavo
sal e pimenta-do-reino a gosto

Modo de Preparo
Prepare o peru conforme instruções da embalagem.

Molho
Frite o bacon em sua própria gordura e junte a cebola. Acrescente o vinho, a polpa de maracujá e o cream cheese, mexendo até dissolver. Dissolva a fécula de batata em um pouco de água e adicione ao molho, mexendo rapidamente até engrossar ligeiramente. Desligue, misture o creme de leite e prove o sal.

Acompanhamento
Aqueça o azeite junto com a manteiga e adicione as batatas, as maçãs, o açúcar mascavo e meia xícara (chá) de água. Cozinhe em fogo médio com a panela tampada, mexendo de vez em quando, até caramelizar. Tempere com sal e pimenta-do-reino e sirva acompanhando o peru fatiado regado com o molho de maracujá.

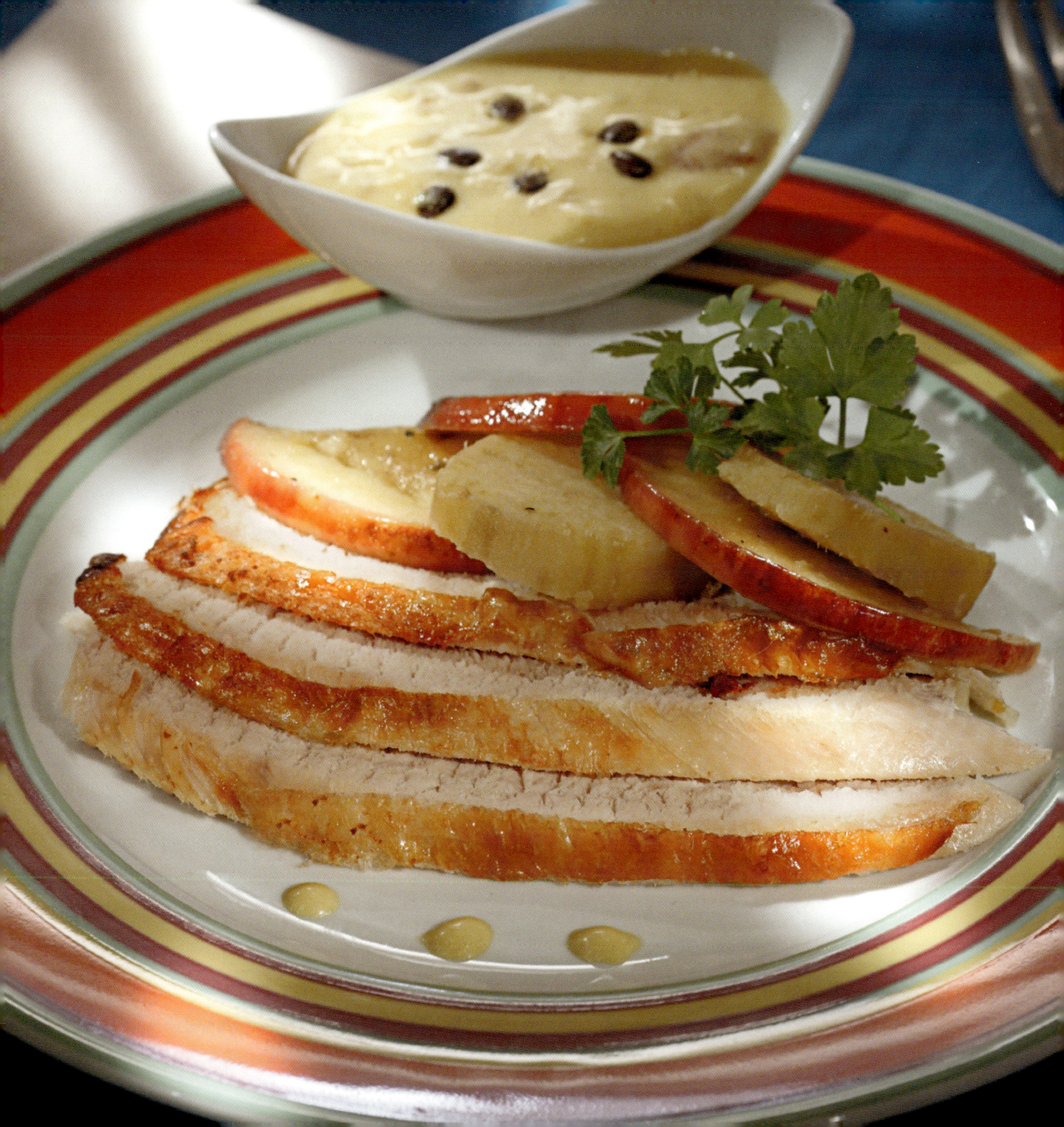

Rendimento: 10 porções / Tempo de Preparo: 2 horas e 30 minutos / Dificuldade: Fácil

Frango com Molho de Coco e Farofa de Maçã

Ingredientes
1 frango inteiro temperado

Molho
1 cebola picada
3 colheres (sopa) de óleo
1kg de tomates sem pele e sem sementes, cortados em 4 partes
2 envelopes de caldo de galinha em pó
1 vidro de leite de coco (200ml)
1 colher (sopa) de farinha de trigo
1/4 de xícara (chá) de salsa
2 colheres (sopa) de queijo parmesão ralado

Farofa
2 colheres (sopa) de óleo
1 linguiça calabresa picada
meia xícara (chá) de pepino em conserva picado
4 ovos batidos
1 xícara e meia (chá) de maçã verde picada
1 colher (sopa) de salsa picada
4 colheres (sopa) de cebolinha picada
sal a gosto
2 xícaras (chá) de farinha de milho em flocos

Modo de Preparo
Coloque o frango em uma assadeira, cubra com papel alumínio e leve ao forno preaquecido em temperatura média-alta por 1 hora e 20 minutos. Retire o papel alumínio e deixe dourar.

Molho
Frite a cebola no óleo, junte os tomates e refogue um pouco. Junte o caldo de galinha e uma xícara (chá) de água. Cozinhe até os tomates ficarem bem macios. Bata no liquidificador o leite de coco, a farinha de trigo, a salsa e o queijo. Coloque na panela junto com os tomates e mexa até ferver.

Farofa
Aqueça o óleo, frite a linguiça, o pepino e junte os ovos, mexendo até ficarem cozidos. Junte os ingredientes restantes e deixe aquecer. Sirva o frango assado e fatiado, regado com o molho e acompanhado da farofa.

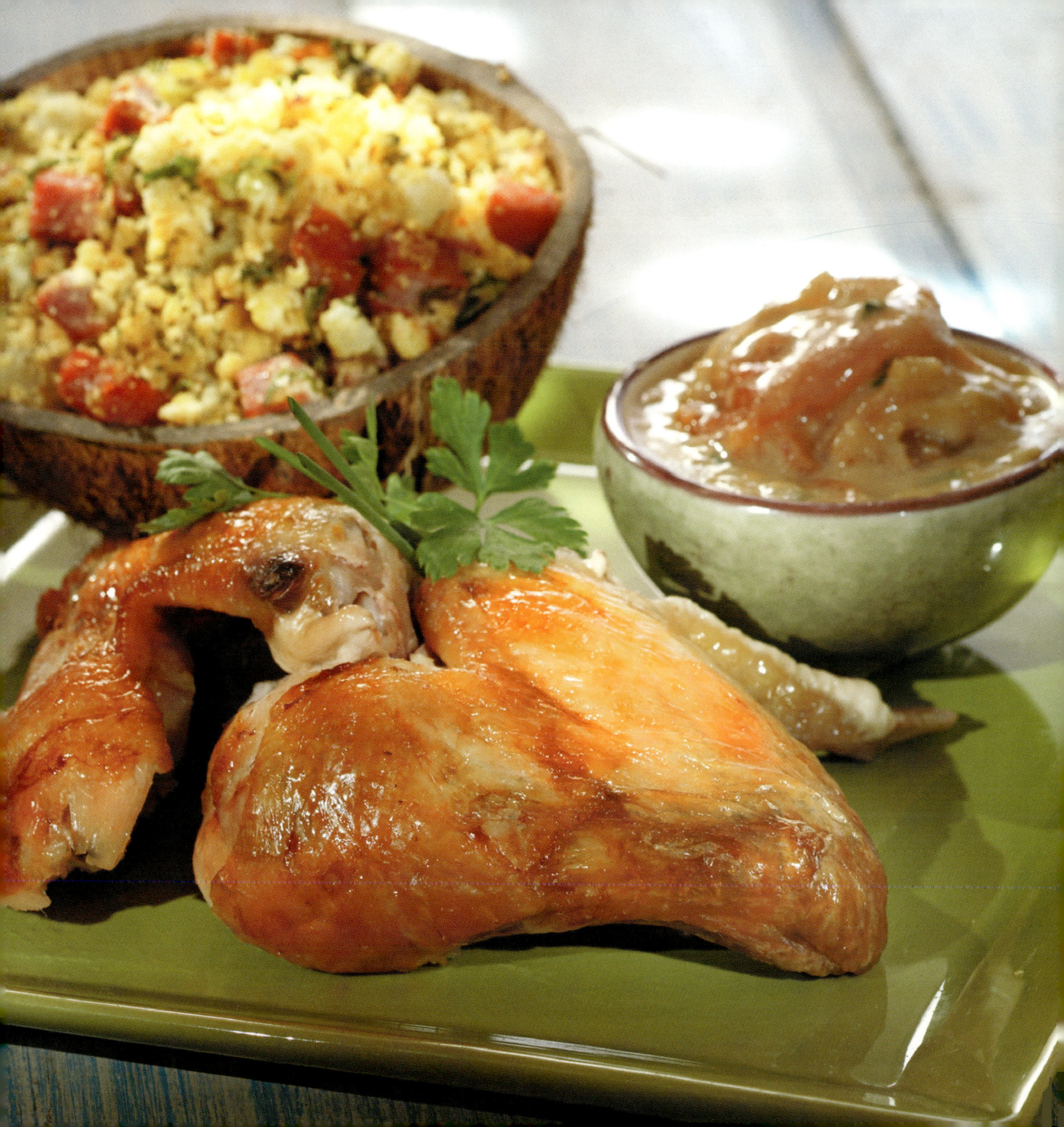

Rendimento: 4 porções / Tempo de Preparo: 40 minutos / Dificuldade: Fácil

Risoto de Frango com Queijo de Cabra

Ingredientes
2 colheres (sopa) de manteiga
meia cebola média picada
2 tomates sem pele, sem sementes e picados
1 xícara (chá) de arroz arbóreo
meia xícara (chá) de cenoura picada em cubos pequenos
1 xícara (chá) de peito de frango desfiado
1 colher (café) de gengibre em pó
meia xícara (chá) de conhaque
1 envelope de caldo de galinha em pó
meia xícara (chá) de queijo de cabra
1 xícara (chá) de creme de leite

Modo de Preparo
Derreta a manteiga e frite a cebola. Junte os tomates e o arroz arbóreo e frite mais um pouco. Adicione a cenoura, o peito de frango, o gengibre em pó, o conhaque e o caldo de galinha em pó. Acrescente quatro xícaras (chá) de água quente, aos poucos, mexendo sempre, até o arroz ficar macio. Junte o queijo de cabra e o creme de leite. Misture e sirva a seguir.

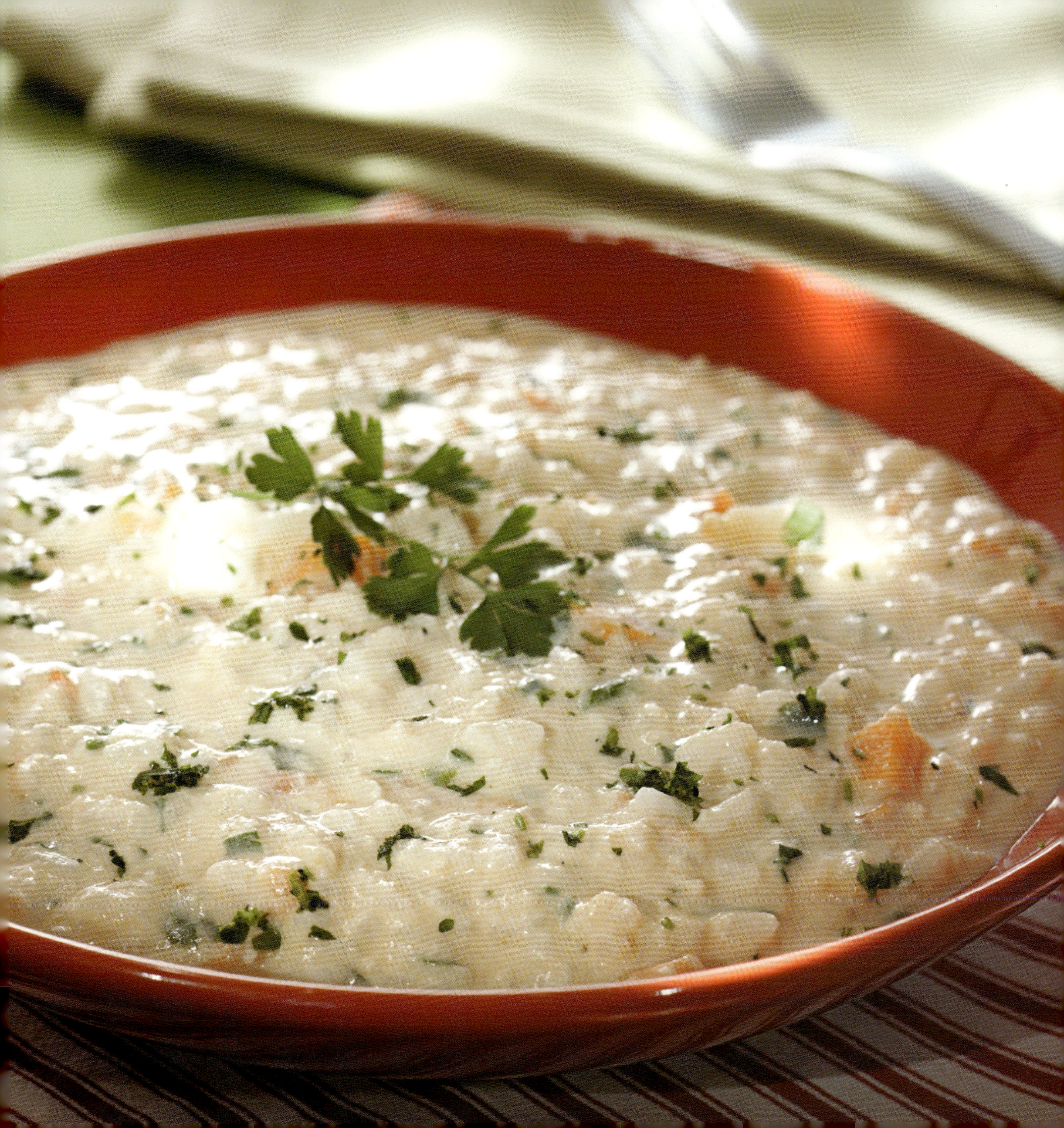

Rendimento: 6 porções / Tempo de Preparo: 30 minutos / Dificuldade: Fácil

Peru ao Molho de Mostarda Dijon

Ingredientes
6 filés de peru
suco de meio limão
sal e pimenta-do-reino branca a gosto
chips de mandioquinha para acompanhar

Molho
2 colheres (sopa) de mostarda dijon
1 colher (chá) de tomilho
1 colher (sopa) de farinha de trigo
1/4 de cebola média
meia xícara (chá) de leite
1 xícara e meia (chá) de creme de leite fresco
sal a gosto

Modo de Preparo
Tempere os filés de peru com o limão, o sal e a pimenta-do-reino. Aqueça um grill e grelhe os filés até o ponto desejado. Reserve.

Molho
Bata no liquidificador a mostarda dijon, o tomilho, a farinha de trigo, a cebola e meia xícara (chá) de leite. Transfira para uma panela e junte o creme de leite fresco. Leve ao fogo e mexa até engrossar. Prove o sal e desligue. Sirva os filés de peru com o molho e os chips de mandioquinha.

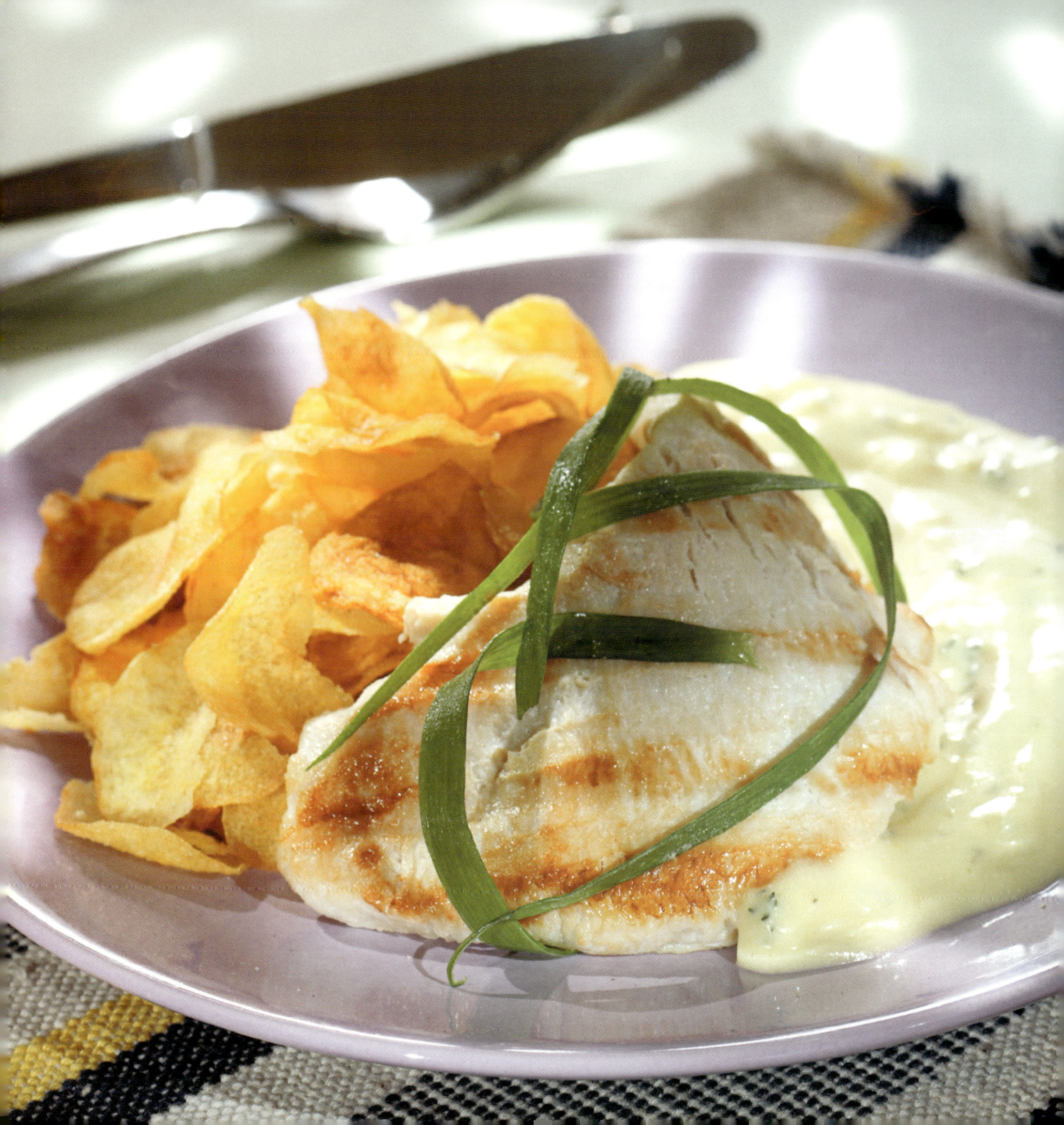

Rendimento: 6 porções / Tempo de Preparo: 1 hora e 30 minutos / Dificuldade: Fácil

Frango com Laranja e Café

Ingredientes
1 colher e meia (sopa) de pó de café
1 xícara e meia (chá) de água quente
sal e pimenta-do-reino a gosto
6 filés de frango
2 colheres (sopa) de manteiga
1 xícara (chá) de suco de laranja
meio pimentão vermelho cortado em tiras
1 colher (chá) de salsa picada
fatias de laranja

Modo de Preparo

Prepare o café com a água quente e deixe esfriar. Tempere o café frio com sal e pimenta-do-reino. Coloque os filés de frango para marinar nesse tempero por 1 hora. Derreta a manteiga em uma frigideira de bordas altas, retire os filés do tempero e frite-os até ficarem dourados. Retire-os da frigideira e reserve.

Na mesma frigideira, coloque o tempero da marinada, o suco de laranja, o pimentão e a salsa. Deixe ferver para reduzir um pouco e desligue.

Sirva os filés com as fatias de laranja sobre eles e o molho de laranja.

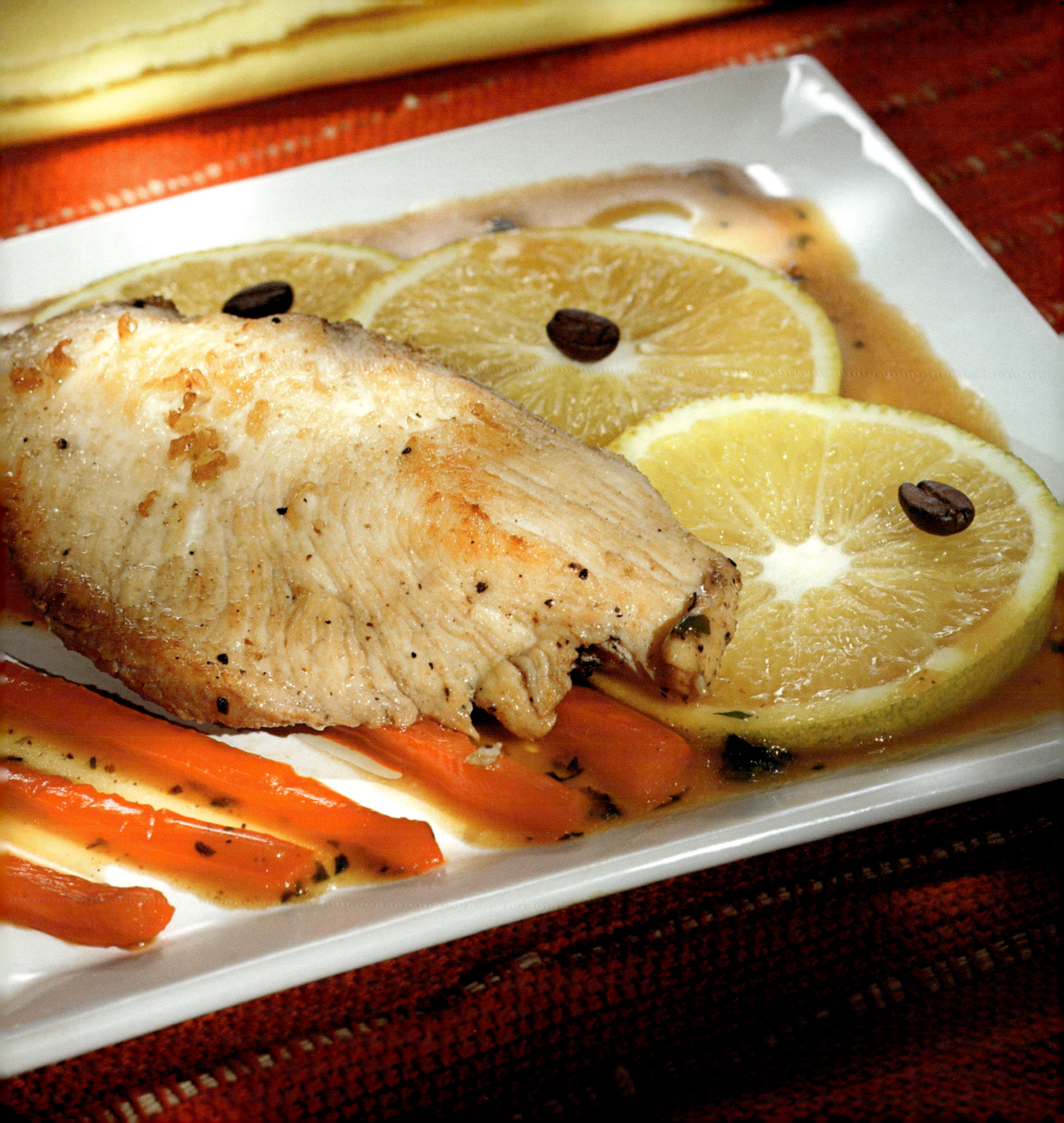

Rendimento: 4 porções / Tempo de Preparo: 40 minutos / Dificuldade: Fácil

Frango Oriental

Ingredientes
1 colher (sopa) de óleo
500g de peito de frango cortado em tiras pequenas
1 pimentão amarelo cortado em tiras
1 envelope de caldo de galinha em pó
meio pacote de broto de feijão (moyashi)
2 colheres (sopa) de molho de soja (shoyu)
2 colheres (sopa) de cebolinha verde picada

Modo de Preparo
Aqueça o óleo e frite o frango até dourar. Acrescente o pimentão, o caldo de galinha, uma xícara (chá) de água fervente e cozinhe até que o pimentão esteja levemente cozido. Junte o broto de feijão, o molho de soja e deixe ferver por mais alguns minutos. Acrescente a cebolinha, misture e sirva a seguir.

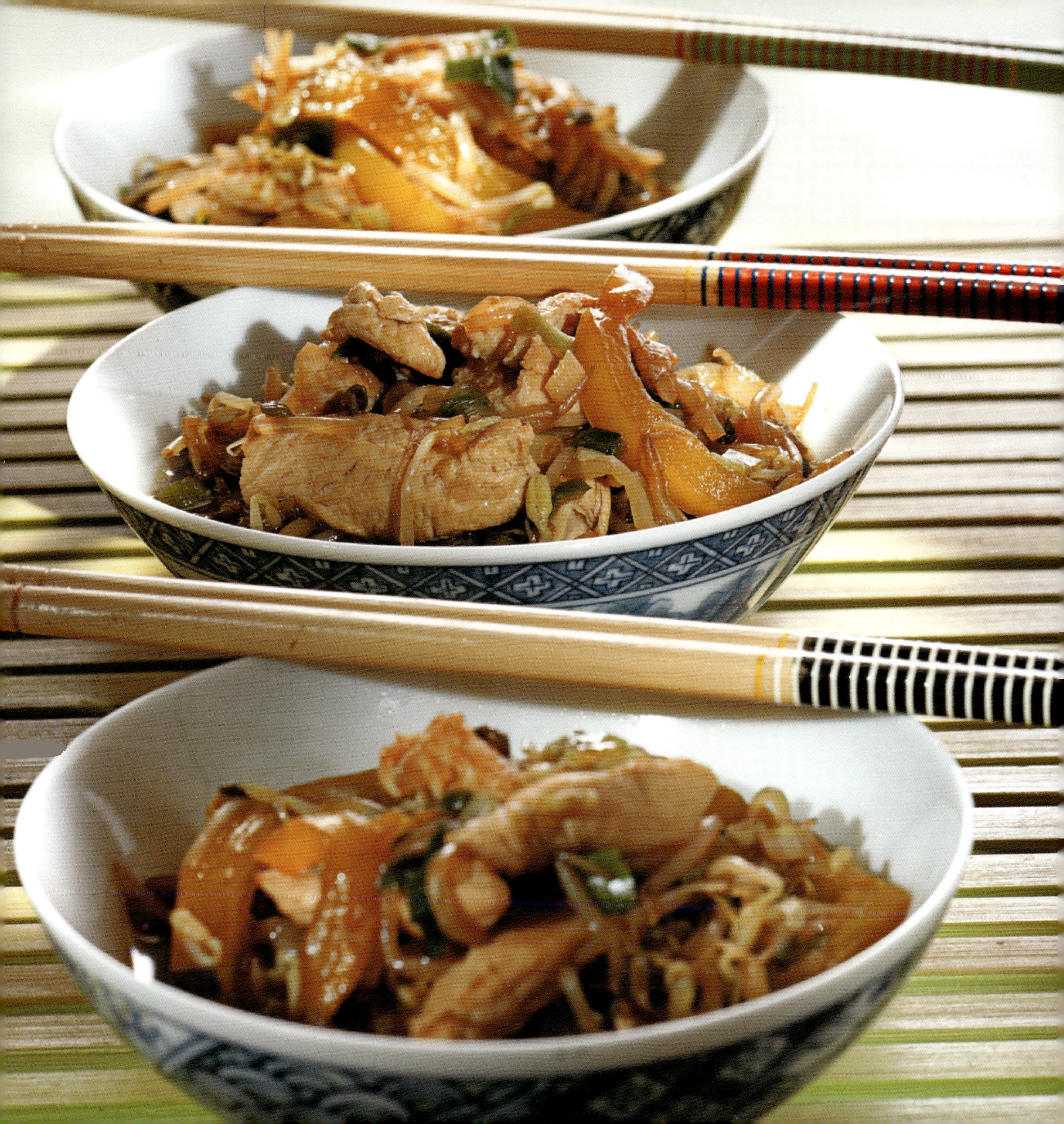

Rendimento: 10 porções / Tempo de Preparo: 40 minutos / Dificuldade: Médio

Suflê de Peru

Ingredientes
2 colheres (sopa) de cebola picada
2 colheres (sopa) de margarina
2 colheres (sopa) de farinha de trigo
2 xícaras (chá) de leite
5 ovos, separados em gemas e claras
1 pitada de pimenta-do-reino
250g de blanquet de peru triturado

Modo de Preparo
Em uma panela, frite a cebola na margarina, adicione a farinha de trigo e deixe dourar. Diminua o fogo e junte, aos poucos, o leite, mexendo sempre até engrossar. Acrescente as gemas, a pimenta-do-reino e misture bem sem deixar ferver. Junte o blanquet de peru triturado ao creme e reserve. Bata as claras em neve, acrescente o creme do blanquet e misture delicadamente. Despeje em fôrmas individuais para suflê untadas. Leve ao forno preaquecido em temperatura média-alta por aproximadamente 20 minutos.

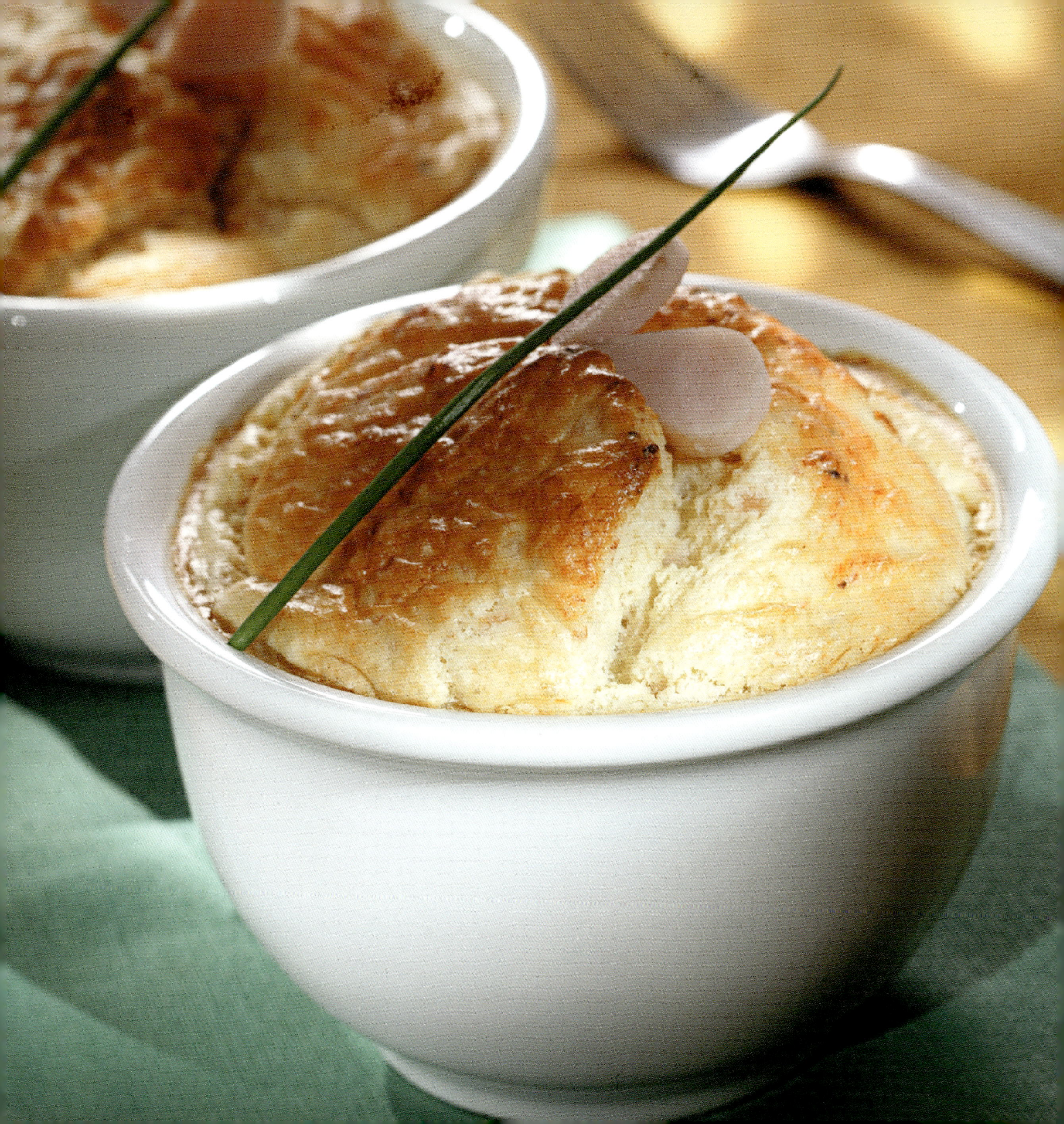

Rendimento: 6 porções / Tempo de Preparo: 30 minutos / Dificuldade: Fácil

Frango Indiano

Ingredientes
1 colher (sopa) de azeite
2 peitos de frango cortados em cubos
2 cebolas cortadas em cubos
1 pimentão verde cortado em cubos
sal a gosto
2 xícaras (chá) de abacaxi fresco em cubos
meia colher (chá) de curry
1 colher (sopa) de farinha de trigo
1 pote de iogurte natural (200g)
1 colher (sopa) de cebolinha picada

Modo de Preparo
Aqueça o azeite, refogue o frango ligeiramente, acrescente a cebola, o pimentão e tempere com o sal. Junte o abacaxi e deixe cozinhar até que o abacaxi fique transparente.

No liquidificador, bata o curry, a farinha e o iogurte. Despeje na panela e mexa até ferver. Desligue e acrescente a cebolinha. Sirva com arroz branco.

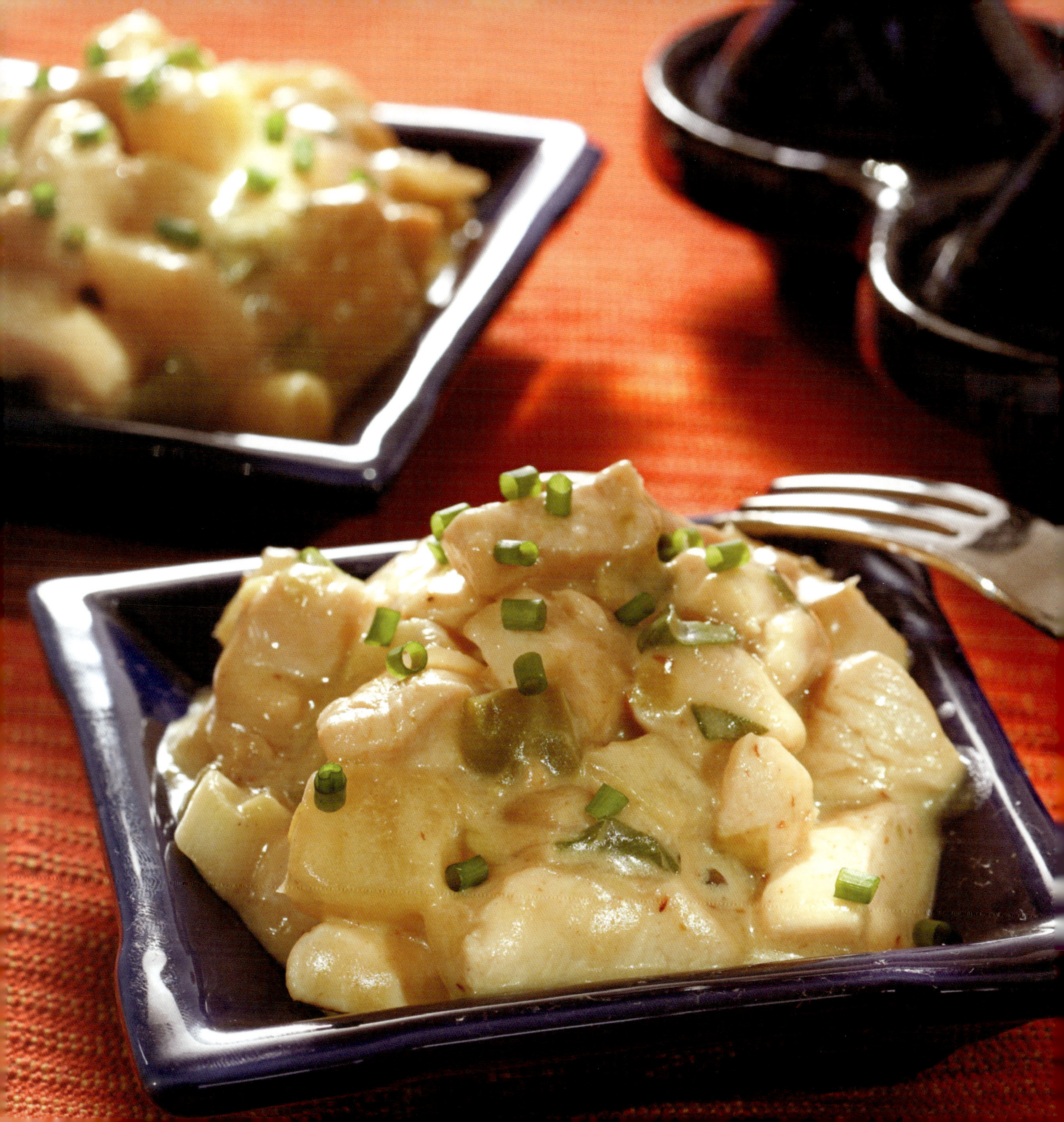

Rendimento: 6 porções / Tempo de Preparo: 30 minutos / Dificuldade: Fácil

Hambúrger de Frango

Ingredientes
500g de peito de frango cortado em pedaços
1 pacote de creme de cebola
2 colheres (sopa) de salsa picada
1 pitada de noz-moscada
1 ovo
1 xícara (chá) de farinha de rosca
óleo para fritar
salada de folhas para acompanhar

Modo de Preparo
Coloque o frango, o creme de cebola, a salsa e a noz-moscada no processador e triture até formar uma pasta homogênea. Molde hambúrgueres com a massa de frango e empane-os, passando-os pelo ovo e pela farinha de rosca. Frite no óleo quente e escorra. Sirva acompanhado da salada de folhas.

Editora Boccato Ltda. EPP
Rua Afonso Brás, 473 - cj. 33
04511-011 - Vila Nova Conceição
Tel.: 11 3846-5141
www.boccato.com.br

Editora Gaia LTDA.
(pertence ao grupo Global Editora e Distribuidora Ltda.)
Rua Pirapitingui, 111-A - Liberdade 01508-020
São Paulo - SP - Brasil (11) 3277-7999
www.globaleditora.com.br - gaia@editoragaia.com.br
Nº de Catálogo: 3135

Edição: André Boccato
Coordenação Editorial: Manon Bourgeade / Maria Aparecida C. Ramos
Coordenação Administrativa: Artur Cruz Filho
Diagramação: Arturo Kleque Gomes Neto / Manon Bourgeade
Tratamento de Imagens: Arturo Kleque Gomes Neto
Fotografias: Estúdio Paladar - Cristiano Lopes / Emiliano Boccato
Produção Fotográfica: Airton G. Pacheco
Revisão de textos: Catarina Corrêa
Cozinha Experimental: Aline Maria Terrassi Leitão / Isabela R. B. Espíndola
Colaboração: Jezebel Salem

Editora Gaia
Diretor Editorial: Jefferson L. Alves
Diretor de Marketing: Richard A. Alves
Gerente de Produção: Flávio Samuel
Coordenadora Editorial: Dida Bessana
Assistente Editorial: João Reynaldo de Paiva
Impressão: Prol Editora Gráfica Ltda

Todas as fotografias foram realizadas no Estúdio Paladar.

Estúdio Paladar
Fotografias culinárias e cozinha experimental
Rua Valois de Castro, 50
04513-090 - Vila Nova Conceição
Tel.: 11 3044-4385
www.estudiopaladar.com.br

Copyright © Editora Boccato

```
Dados Internacionais de Catalogação na Publicação (CIP)
       (Câmara Brasileira do Livro, SP, Brasil)

   Boccato, André
      Receitas saborosas com aves / André Boccato e
   Estúdio Paladar . -- 1. ed. -- São Paulo : Gaia :
   Boccato, 2009.

      ISBN 978-85-7555-208-7 (Gaia)

      1. Culinária (Aves) 2. Receitas I. Estúdio
   Paladar. II. Título.


 09-06435                                CDD-641.63

             Índices para catálogo sistemático:

       1. Aves : Receitas culinárias : Economia
             doméstica   641.63
```